IDÉOLOGIE

LEXIOLOGIQUE

DES

LANGUES INDO-EUROPÉENNES

PAR

HONORÉ CHAVÉE

PARIS

MAISONNEUVE ET Cie, LIBRAIRES-ÉDITEURS

25, QUAI VOLTAIRE, 25

—

1878

IDÉOLOGIE

LEXIOLOGIQUE

DES

LANGUES INDO-EUROPÉENNES

Cet ouvrage a été publié après la mort de l'auteur, conformément à un manuscrit destiné à l'impression.

Paris. — Typographie Georges Chamerot, 19, rue des Saints-Pères. — 6539.

Cliché [illegible]

H. CHAVÉE.

Photoglyptie Lemercier et Cie Paris

IDÉOLOGIE

LEXIOLOGIQUE

DES

LANGUES INDO-EUROPÉENNES

PAR

HONORÉ CHAVÉE

PARIS

MAISONNEUVE ET Cie, LIBRAIRES-ÉDITEURS

25, QUAI VOLTAIRE, 25

1878

ŒUVRE POSTHUME DE H. CHAVÉE

PUBLIÉE

PAR LES SOINS DE SA VEUVE

AUTOBIOGRAPHIE

Chavée (Honoré-Joseph), né à Namur le 3 juin 1815.

A l'âge de six ans, le jeune Chavée venait de perdre son père, qui de très-bonne heure lui avait appris à lire, lorsqu'il fut victime d'un accident dont les suites exercèrent une influence trop considérable sur ses études pour que nous ne le relations pas ici. Une fracture de la jambe droite, renouvelée deux fois dans l'espace de trois ans, retint l'enfant captif dans sa chambre jusqu'à la fin de sa dixième année. C'est là que, loin du contact et des jeux des petits garçons de son âge, Chavée enfant se faisait à lui-même ses premiers cours d'histoire romaine, naturelle et religieuse, à l'aide de trois livres qu'il lisait et relisait sans cesse : une ancienne traduction des *Annales* de Tacite; une traduction (gr. in-fol.) des *Commentaires sur Dioscoride*, de Mattioli, avec une foule d'images; une *Bible de Royaumont*, également illustrée à chaque page.

Si la lecture habituelle de l'Ancien et du Nouveau Testament ne fut pas étrangère à la détermination qui conduisit Chavée au séminaire et à la prêtrise, ce fut à coup sûr le vaste répertoire d'histoire naturelle de Mattioli, avec toutes ses figures de plantes et de fleurs qui fit de lui un botaniste passionné et, par une série de conséquences logiques, un linguiste plus passionné encore.

Ceci demande une explication. On sait comment, en botanique, la classification de Tournefort et le « système des plantes » de Linné durent céder le pas à la méthode naturelle de Jussieu. C'est que ce célèbre botaniste avait distribué « les genres des plantes selon leurs ordres naturels ». Or, cet admirable classement des végétaux, basé sur des lois d'organisation et de fonctionnement, devint de bonne heure le *vade-mecum* du jeune collégien, soit dans ses herborisations, soit pour la construction de son herbier. Il en devint tellement amoureux des classifications physiologiques que, dès la deuxième ou troisième année de ses humanités, il se mit à grouper non-seulement les mots de même racine entre eux, mais encore les racines entre elles, quand celles-ci offraient de grandes analogies de signification, et, en même temps, une ressemblance frappante de structure syllabique. De 1825 à 1830, ces études comparatives n'avaient pour objet, en dehors de la langue maternelle, que les deux langues classiques et le hollandais, alors imposé à tout collégien wallon par décision du gouvernement des Pays-Bas. Mais cette langue néerlandaise, un moment négligée après la Révolution de 1830, devint bientôt, pour les études anglaises et allemandes de Chavée, non-seulement une base mnémonique des plus sûres, mais encore un terme de comparaison des plus lumineux.

Au petit séminaire de Floreffe (1833-34) où, élève en philosophie, il fut chargé d'un cours de botanique, comme au grand séminaire de Namur (1834-38), Chavée ne fréquentait guère, aux heures de récréation, que ses condisciples originaires de la partie allemande du grand-duché de Luxembourg. Ceux-là, en effet, parlant toujours entre eux leur langue maternelle, rendirent bientôt familier l'usage de l'allemand au jeune Namurois qu'ils avaient admis dans leur petite société germanique. Au grand séminaire, les jours de sortie étaient consacrés à l'étude de l'anatomie humaine, dans la salle de dissection de l'hôpital militaire de Namur. Un ami de Chavée, M. le docteur Tosquinet, alors interne à l'hôpital, lui prêta le grand *Traité d'anatomie,* avec planches, de Cloquet, et dirigea ses premières études sur le cadavre. Un autre ami, Henri Lambotte, le savant le plus ingénieux que la Belgique ait produit depuis longtemps, l'initia aux secrets de l'anatomie fine et aux vues si larges et si fécondes de l'anatomie comparée. Plus tard (1862-76), ces études de sa jeunesse aideront singulièrement Chavée à prendre place parmi les chercheurs heureux de la *Société d'anthropologie de Paris.*

Au seuil des études théologiques (1835), la lecture de l'article *Langues,* dans le dictionnaire de Bergier, et la méditation quotidienne d'un livre de Thomassin, sur la prétendue identité primitive des racines hébraïques et gréco-romaines[1], imprimèrent durant quelque trois années une fausse direction aux recherches de Chavée qui voulut, lui aussi, démontrer à la manière de l'érudit oratorien, suivi déjà par l'abbé Latouche et plusieurs autres, que « *toutes* les langues viennent de l'hébreu », ce qui, dans la pensée d'alors, devait être d'un grand secours pour la consolida-

[1] « La méthode d'étudier et d'enseigner chrétiennement et utilement la grammaire ou les langues par rapport à l'Écriture sainte, EN LES RÉDUISANT TOUTES A L'HÉBREU. » Paris, Rouiland, 1690-1693, 2 vol. in-8°.

tion de la foi dans l'authenticité des récits bibliques, et, en particulier, dans l'unité de filiation adamitique de toutes les races humaines.

C'est dans ces dispositions d'esprit que Chavée entra (1838) à l'université catholique de Louvain, où le choix de son évêque, feu M. Dehesselle, l'avait envoyé pour la plus grande gloire de l'Église et du diocèse.

A Louvain, l'étude comparative des langues sémitiques, commencée à Namur sous la direction de M. le professeur Colson, fut continuée avec plus de zèle encore sous la savante impulsion de M. le professeur Beelen. Mais, en même temps qu'il poursuivait, à l'aide de l'hébreu, du syriaque, de l'arabe, etc., la restauration des formes premières et communes composant le parler sémitique originel et organique, Chavée, averti par la lecture du *Parallèle des langues de l'Europe et de l'Inde*, publié en 1836 par Eichhoff, étudiait avec ardeur la langue sanscrite, cet idiome sacré des brahmanes, et entreprenait sur l'ensemble des langues indo-européennes, dont le sanscrit n'est que la plus parfaite ou la mieux conservée, ce travail historico-comparatif de restitution des « verbes-noms simples » et des « pronoms-adverbes monosyllabiques » dont se composait à l'origine le langage commun de cette puissante race blanche, dont les antiques descendants, quand s'ouvrit l'histoire, se nommaient eux-mêmes les *Aryas*, les nobles.

A mesure qu'il avançait dans ses études de linguistique indo-européenne et dans sa restitution des formes intégrales de l'aryaque (parler commun des Aryas primitifs[1]),

[1] La « préface » de la *Lexiologie indo-europeenne*, publiée à la fin de 1848, rapprochée des travaux, — tous postérieurs à cette date, — de feu Auguste Schleicher, sur l'*indo-germanique primitif*, prouve que

les pieuses erreurs du jeune universitaire tombaient l'une après l'autre sous des conclusions imposées par une méthode plus sévère et dont les travaux de Franz Bopp lui avaient enseigné tout à la fois l'usage et l'indispensable nécessité. Dans ses recherches sur l'histoire intérieure, soit des langues indo-européennes, soit des langues syro-arabes, dites sémitiques, Chavée, devenu linguiste dans toute l'acception scientifique du mot, rejetait avec un soin toujours croissant ce qui pouvait sembler revêtir encore le cachet d'une sorte de divination purement subjective, pour s'en référer toujours à l'application rigoureuse des lois phoniques et idéologiques qui, dans l'un comme dans l'autre des deux systèmes glottiques comparés, avaient présidé au développement et aux variations des vocables. Une fois entré dans cette voie de la science positive des organismes syllabiques de la pensée, Chavée trouvait chaque jour quelque preuve nouvelle de la diversité radicale des deux principaux systèmes de langues.

Désireux dès alors de consacrer toutes ses forces à la solution des problèmes anthropologiques et subsidiairement théologiques soulevés par la question des langues, Chavée demanda et obtint de son évêque l'autorisation de quitter l'Université de Louvain (1840). Desservant du petit village de Floriffoux, sur la Sambre, il consacra tous les loisirs d'une solitude en quelque sorte forcée à la continuation méthodique de ses recherches favorites. C'est de là qu'il publia, trop tôt peut-être, chez Méline, Caus et Cie, à Bruxelles, sous le titre d'*Essai d'Étymologie philosophique,* des « recherches sur l'origine et les variations des mots qui peignent les actes intellectuels et moraux » (1843-44).

le linguiste belge eut le premier l'idée de donner un tel but et de tracer un tel plan à l'ensemble des études indo-européennes.

Ce ballon d'essai ayant reçu de la presse belge un fort bon accueil, Chavée donna sa démission de desservant de Floriffoux et vint habiter Bruxelles (1844), où, sur la recommandation du général Chapelier, alors colonel, le ministre de la guerre M. Dupont, mit le grand amphithéâtre de l'École militaire à la disposition de Chavée pour y donner un cours libre de linguistique indo-européenne.

Grand, très-grand fut le succès de ce cours dont le *Moniteur* reproduisait les plus importantes leçons. Parmi les auditeurs inscrits, on distinguait M. Auguste Scheler, dont les travaux d'étymologie française sont aujourd'hui si recherchés; M. Eugène Van Bemmel, dont l'ouvrage sur la langue et la littérature provençales venait de provoquer à la fois tant d'éloges et d'objections; M. Baron, professeur de rhétorique à l'Athénée; M. le général de Liem; M. Félix Godefroid, etc., etc.

Ce cours, Chavée l'avait écrit, partie avant de le donner, partie à mesure qu'il le professait. L'idée d'y mettre la dernière main et de le publier, après l'avoir soumis à quelque maître de la science nouvelle, s'empara tellement de lui, que, dès la fin de 1845, il s'installait à Paris, en compagnie de sa mère, dans un appartement qu'un oncle maternel, fabricant de châles, leur avait préparé dans sa maison.

Parmi les professeurs du Collége de France dont il suivit les cours, ce fut Eugène Burnouf, le célèbre indianiste, restaurateur de la langue zende, qui devint et resta « son homme ». En deux ans de nouvelles études assidues et d'améliorations progressives de son manuscrit, Chavée put le soumettre à Burnouf, qui voulut bien le lire et, dans un rapport très-détaillé sous forme de lettre, donner à l'œuvre de son élève et ami une approbation motivée des plus flatteuses. Cette lettre de l'illustre savant, Chavée ne manqua pas de l'envoyer à Bruxelles, à M. Charles Rogier. Le ministre y répondit par un arrêté royal (janvier 1848), accordant à Chavée une somme de 4,000 francs pour subvenir aux frais d'impression de la *Lexiologie indo-européenne*, ou « essai sur la science des mots sanscrits, grecs, latins, français, lithuaniens, russes, allemands, anglais, etc. », un vol. gr. in-8°. Le livre parut à Paris et à Leipzig, chez A. Franck, au mois d'octobre de la même année 1848. Grâce à la bienveillance de la presse parisienne et malgré les préoccupations parfois si graves de la politique, l'ouvrage, tiré à onze cents exemplaires, se vendit surtout en Allemagne, en Angleterre et en Amérique, et il y a plus de vingt ans que, devenu livre « rare », il fait prime aux ventes de bibliothèques.

Comme il avait enseigné le contenu de sa *Lexiologie* aux élèves du Collége Stanislas avant de la publier (1846-48), Chavée se mit à l'enseigner chez lui à des élèves toujours plus nombreux (1848-76). Il avait alors tout son temps à lui, car, dès le début de l'impression de son livre plein d'hérésies, il avait officiellement renoncé à la carrière ecclésiastique. Il profita des loisirs que lui laissait son professorat pour écrire et publier, en 1855, *Moïse et les langues*, ou « démonstration par la linguistique de la pluralité originelle des races humaines » (in-8°, Paris, Truchy, 1853). Ce travail, singulièrement amélioré, eut une seconde édition en 1862 (in-8°, Paris, Chamerot), sous ce titre : *les Langues et les Races*.

Deux ans plus tard (1857), Chavée publia *Français et Wallon*, dont le célèbre linguiste allemand Diefenbach fit un grand éloge dans les *Beitraege zur vergleichenden Sprachforschung*.

Vint ensuite un livre de vulgarisation : *la Part des femmes dans l'enseignement de la langue maternelle* (in-8°, Paris, Truchy, 1859).

En 1862, Chavée se rendit à l'École normale de Pise, alors dirigée par son ami Villari, et là, sur l'invitation du ministre Matteucci, à qui il avait été présenté par G. Gorresio, il donna un cours de linguistique indo-européenne auquel assista jusqu'au bout toute la Faculté de philosophie et lettres. Le succès de cette mission scientifique fit du bruit, même à Paris, et, à son retour en France, Chavée vit ses leçons suivies par des élèves enthousiastes, parmi lesquels plusieurs se sont déjà affirmés par des publications d'un haut intérêt. Je citerai MM. Abel Hovelacque, Amédée de Caix de Saint-Aymour, Girard de Rialle, Gustave Millescamps, Maurice d'Hérisson. C'est avec le concours des trois premiers de ces jeunes linguistes que Chavée put enfin donner un organe à son école et fonder, en 1867, la *Revue de Linguistique et de Philologie comparée*. Le mot « école » a ici sa raison d'être, car c'est Chavée qui établit et suivit ce qu'il appelle la « méthode intégrale » en linguistique. La discipline de la science nouvelle, telle qu'elle était sortie des mains de son fondateur, n'embrassait à vrai dire que le *Code phonologique* des langues indo-européennes. Quant à l'ensemble des lois idéologiques qui régissent les variations de sens, le *devenir des idées*, elles restaient à rechercher et à formuler, et tel est l'immense travail entrepris par le linguiste belge, travail dont de nombreux fragments ont déjà paru dans la *Revue* en attendant la publication de l'*Idéologie lexiologique des langues indo-européennes*.

En 1871-72, Chavée fut chargé par le ministre de la guerre, M. de Cissey, d'un cours normal d'enseignement scientifique de la langue allemande. Donné à l'École polytechnique à quatre-vingt-sept officiers de l'armée de Versailles, ce cours fut résumé en une brochure qui parut chez Maisonneuve[1].

[1] Cette autobiographie doit être complétée par une double mention. Chavée publia en 1872 un mémoire important sur l'*Enseignement scientifique de la lecture.*

En 1871 il épousa Mlle Harriett Harrisson.

Chavée mourut à Paris le 16 juillet 1877 à la suite d'une longue maladie, mais en pleine possession de ses grandes et nobles facultés, et fidèle à ses profondes convictions. (*Note de l'éditeur.*)

INTRODUCTION

LA MÉTHODE INTÉGRALE EN LINGUISTIQUE

L'anthropologie est la science des races humaines.

La linguistique est la science des organismes syllabiques de la pensée, lesquels sont entre eux comme les races qui les ont spontanément créés.

La linguistique est donc la branche la plus élevée de l'anthropologie, comme l'anthropologie est elle-même la plus noble et la plus utile des sciences naturelles : « A quoi serviraient les études sur tous les êtres vivants, s'écrie M. Claude Bernard, si ce n'était pour arriver à mieux connaître l'homme [1]? » J'ajouterai : « A quoi serviraient les études sur les divers systèmes organiques de la parole, si ce n'était pour arriver à nous faire mieux

[1] *De la Physiologie générale*, p. 336.

connaître l'esprit humain, et dans ce qu'il a de commun à toutes les variétés primitives de notre espèce, et dans ce qu'il offre de particulier à chacune d'elles? »

Tel est, en effet, l'objet de la linguistique générale.

Dans chaque linguistique spéciale (linguistique indo-européenne ou aryenne, linguistique syro-arabe ou sémitique, linguistique finno-tatare, etc.), il y a pour chaque ensemble d'idiomes congénères (à langue-mère commune) une syntaxe comparative faisant suite à une lexiologie comparée.

La lexiologie (non *lexicologie*) est la science des mots.

Or, quelle que soit la forme de leurs éléments premiers ou irréductibles, les mots, véritables *syngenèses* d'une idée et d'une syllabe, vivent deux vies à la fois, celle de la syllabe et celle du groupe sensitivo-logique incarné dans cette syllabe.

Chacune de ces deux vies est soumise à des lois naturelles rigoureuses.

On donne le nom de *phonologie lexiologique* à l'ensemble des lois qui régissent le devenir des sons et des bruits de la parole à travers les temps et les lieux.

J'ai donné le nom d'*idéologie lexiologique* ou *positive* à l'ensemble des lois qui règlent le devenir des idées, en tant qu'elles sont incorporées dans les mots.

L'idéologie positive est donc au devenir des groupes sensitivo-logiques incarnés dans les monosyllabes primitifs ce qu'est la phonologie positive au devenir des sons et des bruits constitutifs de ces mêmes monosyllabes.

En d'autres termes : par la nature même du double *processus* du langage, nous nous trouvons forcément placés en présence de deux codes naturels dont il nous faut retrouver et formuler les lois : 1° lois de phonologie lexiologique ; 2° lois d'idéologie lexiologique.

Quel que soit l'organisme glottique mis à l'étude, l'un et l'autre de ces deux codes m'ont toujours paru indispensables à la constitution d'une lexiologie vraiment scientifique. Je m'empresse toutefois de reconnaître que le code idéologique ne saurait venir, pour sa promulgation définitive, qu'un temps plus ou moins long après l'établissement du code phonologique, sans la connaissance et l'observation rigoureuse duquel il est impossible de s'avancer d'un pas ferme sur le terrain des étymologies.

J'appelle méthode intégrale, en linguistique, celle qui est constamment et également attentive aux exigences légales inscrites dans l'un et dans l'autre de ces deux codes.

En appliquant cette méthode, à la fois phonologique et idéologique, à la constitution de la lexiologie aryaque [1], j'ai publié il y a vingt-six ans, sous le titre de *Lexiologie indo-européenne,* un essai de classement naturel des pronoms simples et des verbes monosyllabiques premiers du parler commun des Aryas. Comme toute classification scientifique, mes familles naturelles des verbes simples (avant toute dérivation extérieure, avant

[1] En comparant entre eux et en complétant l'un par l'autre le sanskrit, idiome sacré des Hindous, le zend ou ancien bactrien, le grec et le latin, le gotique (non *gothique*) et le tudesque ou ancien haut-allemand, le lithuanien et l'esclavon, l'ancien irlandais et les dialectes kymriques, on reconstitue un ensemble de formes lexiques et grammaticales communes, dont ces langues diverses ne sont que des variations historiques. Ainsi retrouvée et rétablie par la science, la langue des Aryas avant la séparation de leurs tribus porte le nom d'*aryaque* ou d'*aryen primitif.*

toute composition explicite) n'étaient qu'une application des lois qui ont présidé à la formation et aux développements idéologiques extérieurs de ces mêmes monosyllabes verbaux.

Or, si je n'ai rien d'essentiel à ajouter à la double loi de formation du verbe aryaque, telle que je l'exposai et m'efforçai de l'appliquer en 1849, je ne pourrais en dire autant des lois qui régissent l'individualisation multiple et progressive des idées contenues dans les monosyllabes verbaux simples de la langue commune des Aryaś. Là, en effet, j'ai bien des lacunes à combler et plus d'une erreur à faire disparaître.

IDÉOLOGIE

I

L'ÉTAT PREMIER DE L'ARYAQUE

PRONOMS-ADVERBES ET VERBES-NOMS

I

EMBRYOGÉNIE DE LA PENSÉE

L'ÉTAT PREMIER DE L'ARYAQUE

> Nothing is dead in any language that was not originally alive; nothing exists in a tertiary stratum that does not find its antecedents and its explanation in the secondary or primary stratum of human speech.
>
> MAX MÜLLER. *On the Stratification of Language*, p. 32.

Ces lignes, que le savant professeur d'Oxford publiait à Londres en 1868, résument clairement les idées qui ont présidé à la composition de ma *Lexiologie indo-européenne*.

Voici ce que j'écrivais en 1848 :

« Pour la science lexiologique, l'étude comparative et approfondie des vocabulaires n'est qu'un moyen d'arriver par l'analyse à la connaissance et à la classification des vocables simples ou primitifs dans chaque système de langues. Ces mots élémentaires une fois trouvés, elle les compare entre eux, sous le double rapport du sens et du son, pour découvrir leurs analogies et les grouper en familles naturelles, etc. [1]. »

Je disais en même temps de quelle façon ces formes orales simples, constituant la première strate du parler commun des Aryas, pouvaient ensuite être étudiées « dans leurs procédés divers de dérivation et de composition grammaticales », c'est-à-dire dans les strates successives de cette même parole aryaque avant toute séparation des tribus.

Et j'ajoutais cette conclusion pratique : « Nous avons entrepris de reconstituer organiquement les mots de cette langue primitive en rétablissant partout le type originel à l'aide de ses variétés les mieux conservées dans les langues sœurs, et notamment dans le sanskrit, le grec, le latin, le lithuanien et le gotique [2]. »

Si j'attachais alors et si j'attache encore aujourd'hui un si grand prix à la reconstitution des formes organiques de l'aryaque, c'est qu'il est impossible de faire de bonne anatomie et de bonne physiologie lexiologiques quand on n'opère pas sur des formes saines, soit heureusement conservées, soit scientifiquement

[1] *Lexiologie indo-européenne*, p. x.

[2] « Il est facile de constater », dit M. Abel Hovelacque (*Instructions pour l'étude élémentaire de la linguistique indo-européenne*, Paris, 1871, Maisonneuve) « que la systématisation, si merveilleusement mise en œuvre par Schleicher dans son *Compendium*, avait été affirmée et pratiquée par M. Chavée dans la *Lexiologie indo-européenne*. »

rétablies dans leur intégralité organique primordiale. On verra plus loin ce que peuvent donner des analyses pratiquées sur des mots au corps rabougri, aux organes syllabiques contractés ou ankylosés.

Reconstituées par un parallèle intégral de toutes les langues congénères, les formes originelles de l'aryaque, — en dehors des cris interjectifs, — ne présentent que deux espèces d'éléments lexiques en perpétuel contraste :

1° Des PRONOMS SIMPLES, gestes monosyllabiques montrant l'être individuel et la place qu'il occupe, d'où, par individualisation latente (dérivation implicite), les adverbes, ou demi-pronoms;

2° Des monosyllabes verbaux ou VERBES SIMPLES rappelant une action et, par individualisation mentale (dérivation latente), l'être qui fait ou subit cette action.

Pour plus d'exactitude, la dénomination des premiers serait celle de PRONOMS-ADVERBES; les seconds devraient s'appeler VERBES-NOMS.

Bien que, dans les langues aryennes, ces monosyllabes verbaux et ces pronoms monosyllabiques nous apparaissent la plupart du temps en différents états de combinaison stable, cependant un nombre assez considérable d'entre eux y sont restés çà et là à leur état primitif d'isolement, comme on le verra par les faits que nous citerons tout à l'heure.

Pour le moment, qu'il me soit permis d'établir une différence profonde entre les vocables monosyllabiques premiers, — pronoms et verbes simples, — et une foule de racines monosyllabiques à consonne finale autre que R (ou L pour R), telles que *tan, man, pat, pad, vrt, rabh, radh*, etc., etc., formes tronquées des dérivés dissyllabiques *ta-na* et *ta-nu, ma-na* et *ma-nu, pa-ta* et *pa-ti; pa-da* (dérivé par le pronom démonstratif *da*, comme *pa-ta* l'est par le pronom démonstratif *ta*), *vr-ta, ra-bha* (dérivé par *bha*, paraître, formant des inchoatifs), *ra-dha* (dérivé par *dha*, faire, formant des intensifs), etc., etc.

En d'autres termes : celui qui analyse le nom aryaque et sanskrit PATI, maître, en insérant le scalpel entre T et I, pour déclarer que PAT est le verbe (la racine) et I le signe de relation, coupe maladroitement en deux le pronom TA sous l'une de ses formes subjectives (ou d'agent), TI, celui qui fait l'action de, ici, l'action de *tenir, posséder, garder, conserver, nourrir*, représentée par le verbe simple PA.

Que cette anatomie de boucher ait égaré çà et là le sens du langage à des époques relativement modernes, c'est ce qu'on ne saurait méconnaître; mais que ce jeu de découpures tout artificielles, si familier aux grammatistes hindous, et qui n'a pas laissé de séduire plus d'un linguiste européen, puisse encore tromper aujourd'hui ceux qui poursuivent dans toutes ses phases l'histoire naturelle de la dérivation, voilà ce que je ne saurais admettre sans protester. Or, c'est encore une façon de reproduire, au moins partiellement, l'erreur dont il s'agit que d'imaginer avec MM. Fick et Curtius, par exemple, des « racines à déterminatifs » formées par l'annexion à la racine primaire d'éléments non syllabiques et en dehors des lois ordinaires de la dérivation : *—n, —d, —dh,* etc., etc.

Quelle est donc la loi morphologique de ces monosyllabes, verbes simples et pronoms irréductibles, dont se composa la première strate du parler des Aryas primitifs?

A cela je réponds, d'accord avec ce que démontrera la suite de ce livre : Quand il n'est pas constitué par une voyelle (comme I, aller, ou I, celui-ci), tout verbe ou pronom simple vraiment primordial est un geste monosyllabique, composé d'une consonne d'attaque parfois précédée d'un S, et toujours suivie, soit de l'une des trois voyelles fondamentales (A, I, U), soit de la semi-voyelle R[1]. Tels sont les pronoms TA, SA,

[1] L'analogie dans la structure même des monosyllabes primitifs et la parfaite identité des procédés de dérivation pour un SKR et pour un SKA, SKR allant indifféremment à SKAR, SKIR, SKUR, et ces formes renforcées pouvant elles-mêmes, en certains cas, s'affaiblir en SKR, voilà les deux principales preuves de l'originalité aryaque du R vocal.

DA, NA, MA, VA; tels sont les verbes simples SKA, SKI, SKU, SKR, GA, GU, GR, DA, DU, DR, etc., etc.

Il importe ici de ne pas confondre l'œuvre de la nature avec les opérations singulièrement postérieures de l'art grammatical. La nature, elle, dans chaque race ou variété primitive de notre espèce, crée spontanément ces gestes oraux, nés du sens auditif et du sens musculaire unis aux vues logiques de l'esprit. La grammaire, de son côté, commence par tuer ces admirables produits de la vie de relation. Elle leur arrache des entrailles l'idée profonde. De toute syllabe vivante elle fait une syllabe morte. Et elle a raison, car cette syllabe, cette écorce, cette enveloppe d'un groupe de sensations et d'aperçus rationnels, il faut pouvoir la considérer isolément dans son mécanisme physiologique, dans ce qu'elle offre d'étendu enfin.

De là, pour le jeune linguiste, la nécessité de se familiariser de bonne heure avec le code des lois qui régissent les variations phonétiques des voyelles et des consonnes de l'aryaque dans son multiple *devenir* à travers les temps et les lieux. Que devinrent ces éléments sonores et bruyants dans le passage du parler commun (aryaque) au sanskrit, au zend ou ancien bactrien, au grec, au latin, à l'esclavon, au lithuanien, au gotique, etc.? Telle est la question à laquelle répond le code des lois phonologiques. Ces lois, que je rappellerai souvent, mes lecteurs les ont lues et relues, non-seulement dans les ouvrages de Bopp, de MM. Benfey, Curtius. etc., mais encore dans l'excellent *Compendium* d'Auguste Schleicher [1]. Leur ensemble, avec les principaux faits qui les constatent, forme ce qu'il convient d'appeler *Phonologie lexiologique* des langues indo-européennes, phonologie sans laquelle un essai quelconque d'*Idéologie lexiologique* de ces mêmes langues serait tout simplement inabordable.

I. — PRONOMS-ADVERBES.

Le pronom montre à la fois deux choses : l'être individuel et la place occupée par cet être.

Ces deux éléments logiques, — substance et position relative dans l'espace, — composent la signification intégrale du pronom.

Seulement, il faut ne pas oublier que, dans l'esprit du parleur, l'importance de ces deux éléments associés est fort inégale. C'est, en effet, au besoin de situer les objets dans l'étendue que répond d'abord le

[1] *Compendium der vergleichenden Grammatik der indo-germanischen Sprachen.* 2 vol. in-8°. Weimar. Il existe quatre éditions de ce précieux manuel; la première est de 1861.

geste oral appelé *pronom*. La notion d'*être individuel*, de *quelqu'un* ou de *quelque chose*, tombant sous le geste indicateur, y semble confondue avec la première. Il y a là comme un mélange inconscient, un syncrétisme inévitable, mais où l'instinct du langage trouvera bientôt à démêler et démêlera l'adverbe de lieu, le premier des adverbes et celui sur lequel se décalquera toujours l'adverbe de temps. Il lui suffira pour cela de négliger l'élément logique de la substance pour ne plus apercevoir et ne plus montrer que l'élément locatif ou de situation.

A part l'interrogatif KA, KI, l'aryaque possède deux ordres contrastés de montreurs monosyllabiques.

Les pronoms démonstratifs simples TA, SA, DA, et le déterminatif I, portent l'attention de l'auditeur sur tout ce qui est là *devant* moi parleur, sur tout ce qui est *objet* relativement à moi *sujet*, sur tout ce que peut atteindre mon geste oral naturellement, et au début, forcément, accompagné de son auxiliaire, le geste visible de mon doigt, de ma main.

En opposition avec ces quatre pronoms montrant les objets rapprochés du parleur, l'aryaque nous offre quatre pronoms simples, un déterminatif, A, et trois démonstratifs, NA, VA, MA, indiquant, soit les objets relativement éloignés, soit le sujet ou les sujets qui les montrent. TA, celui-ci, ceci, ce, dont SA est l'équivalent et le substitut ordinaire, a pour contrasté NA, celui-là, cela.

Si, dans la dérivation explicite de l'avenir, TA doit former tous les participes du temps présent (—TA pour le passif, c'est-à-dire aussi souvent que le pronom est l'objet de l'action, et —T, d'où —NT, pour l'actif, c'est-à-dire quand le pronom est sujet de l'action exprimée par le verbe), son antagoniste NA servira, lui, à former les participes passifs du passé (—NA). Tel sera DAna, ce qui a été donné, sk. *dâ-na-m*, lat. *do-nu-m*, à côté de DAta, ce qui est donné, lat. *da-tu-m*, et de DAt ou DAnt, donnant, lat. *da-nt-*.

Non moins que la dérivation nominale (ou *participiale*, ce qui est la même chose), la dérivation pronominale nous révèle l'antique antagonisme des pronoms TA, ceci, et NA, cela. On le verra surtout par le rapprochement des dérivés du pronom déterminatif A, tantôt par TA comme Ata, Ati, tantôt par NA comme Ana, Ani, Anu.

On sait comment les deux sifflantes liquides, celle des lèvres, V (le *w* anglais, jamais notre *v*), et celle du palais, Y, en s'intercalant après la consonne d'attaque pour glisser sur la voyelle, renforcent une syllabe et en prolongent l'émission. Seulement, lorsque cette consonne d'attaque est une explosive faible, D par exemple, la sifflante intruse, se prolongeant aisément, comme toute soufflante d'ailleurs, se fait souvent pot de fer à l'égard de la délicate et trop passagère explosive, pauvre pot de terre dont il ne reste plus rien après quelques siècles de voyage côte à côte; si bel et si bien que des monosyllabes comme DYA et DVA ne sont plus alors que YA et VA. Or, les trois montreurs essentiellement et toujours objectifs, TA, SA[1], DA[2], subirent, dès les temps du monosyllabisme, le renforcement intérieur par intercalation de la sifflante liquide des lèvres, V, et donnèrent ainsi TVA, SVA, DVA.

Si, comme le prouve la conjugaison, le pronom TA, pour le sujet parlant, montrait aussi bien l'objet, *toi*, à qui il parlait que l'objet, *lui* ou *cela*, dont il parlait, le renforcé TVA[3] désigna presque toujours la seconde personne, *tu, toi*, bien qu'il nous soit parvenu çà et là en qualité de pronom de la troisième personne[4], d'où l'adverbe TU, sk. *tu*, alors, mais, mais alors.

[1] Sk. *sa*, z. *ha*, got. *sa*, gr. ὁ pour σο.

[2] Z. *da*, lui; gr. δε, comme dans ὅδε; lat. *da* et *de* dans *qui-dam*, *i-dem*.

[3] Sk. *tva-m*, toi, z. *tûm*, gr. τούν, got. *thu*, pruss. et lith. *tu*.

[4] Comme dans les deux premiers vers de la strophe 6 de l'hymne 113 du premier Mand. du Rig-Véda et dans une foule d'autres exemples.

Substitut de TVA, DVA ou DYU (renforcé de DU=DYA par Y intercalaire), vous, ne nous est resté comme pronom de la seconde personne que dans deux formes aphérésées, VA et YU (pour *dyu* renforcé de *du* contracté de *dva*[1]). Nous possédons la première et dans le pluriel sk. *va-s* (c'est-à-dire VA+SA, toi+lui), vous, cf. lat. *vo-s* (Bopp, *V. Gr.* § 337), russe, polon. et bohém. *va-s*, et dans le duel sk. *vâm* pour *vâu* (c'est-à-dire VA+A+U)[2], esclav. *va*. Nous retrouvons la seconde des formes aphérésées de DVA, DU, DYU, non-seulement dans le YU du duel sanskrit *yuvâm* (pour *yuvâu*) *toi et toi ensemble*, vous deux, lith. *ju-du*, avec *du* pour *dva*, deux, mais encore dans le plur. sk. *yûyam*, vous, got. *jus*, pruss. et lith. *ius*.

Un mot de respectueuse critique. Bopp, dans ses études sur les pronoms, a très-bien compris que le VA, pronom de la seconde personne, n'est pas une forme intégrale ou organique. Seulement, au lieu de songer à DVA, cette antithèse, ce vis-à-vis forcé de A, moi, l'unité à la fois sentie et conçue, l'unité par excel-

[1] En dehors du monde pronominal, nous voyons de même DU, comprimer, opprimer, lier, aller à YU, comprimer, lier, joindre, par le renforcé DYU (gr. ζυ, ζευ), de la même manière que DAM, comprimer, lier, va par DYAM à YAM, serrer, lier.

[2] C'est, je crois, M. Benfey qui, le premier, a démontré que A était l'antique formative du duel. Voir son *Griechisches Wurzellexikon*, II, p. 218.

lence, sans penser à ce DVA démonstratif d'une autre unité semblable à celle du parleur, l'illustre père de notre discipline affirma, sans pouvoir le prouver par des cas analogues, que VA, ici, était pour TVA, ce qui suppose à tort que, devant la sifflante liquide des lèvres (V), l'explosive forte des dents (T) pourrait tomber comme tombe, en effet, son explosive faible corrélative (D). Voir la fin du paragraphe 336 de la *V. Gr.*, p. 114 du tome II.

A côté de TVA et de son remplaçant DVA, nous voyons SVA employé alternativement comme pronom réfléchi et comme adjectif possessif. C'est ce SVA, issu de SA, qui donna au sanskrit son *sva-yam*, propre à l'individu mis en scène, son *sva-s*, propre, sien, son *sva-tas*, de soi-même, — au zend son *hva* (d'où *qa*), — au grec son σFε, d'où ἑ, οὗ, οἱ, etc., — au gotique son *si-k* pour *svi-k*, — au latin son *se* pour *sve* (cf. *sonus* pour *svonus*, *sopor* pour *svopor*, etc.), avec *suu-s* (SVU-*s*), *sua*, *suu-m*, — à l'esclavon son *sę*, soi, et son *sebě*, à soi, etc.

Un mot encore. Ce SVA de l'aryaque ne nous est parvenu avec sa valeur première purement démonstrative que dans l'ancien perse *huva*, régulier pour *hva*. On sait que le perse, comme le vieux bactrien, change en sifflante du gosier (H) la sifflante des dents (S).

Si, comme l'admettent beaucoup de linguistes[1], les pronoms démonstratifs *tya* et *sya* sont des composés de *ta, sa,* unis l'un et l'autre au pronom relatif *ya,* ce qui n'a rien d'impossible, il est clair que leur place ne saurait être ici. Si, au contraire et comme je le pense, il n'y a là ni composition ni dérivation, mais simple renforcement intrasyllabique par la sifflante liquide Y, les montreurs communs TYA, SYA appartiennent bel et bien au premier état de l'aryaque. Par son féminin *syâ,* le démonstratif SYA, a donné le *siu* de l'ancien-haut-allem., le *sie* des Allemands; comme le féminin *tyâ* de TYA, nous est parvenu dans le tudesque *diu,* le *die* démonstratif (article) et relatif de la langue de Luther. Le *ya* des formes masculines se contracte souvent en *i* et cet *i* fut fréquemment remplacé en tudesque (ancien-haut-allemand) par *ë;* et c'est ainsi que le nominatif masculin *tyas* y devint *dër* pour *djr=djar* pour *thjas* avec T organique sifflé d'abord en *th* (*th* dur anglais), qui lui-même fut bourdonné plus tard en *dh* (*th* doux anglais), pour devenir, enfin, explosive dentale mineure, *d*[2].

I avec sa forme gunée AI est le quatrième et dernier

[1] Au mot *tya,* le Dict. de Pétersb. dit : « Die annahme dass *tya* das demonst. (*ta*) und relat. (*ya*) in sich vereinige, ist allgemein. »

[2] Cf. Bopp, V. *gr.,* § 355; H. Chavée, *Enseignement scientifique de la langue allemande, esquisse d'un cours normal fait à l'École polytechnique,* p. 14. (Paris, Maisonneuve.)

des pronoms-adverbes montreurs des *objets* relativement proches et, par cette valeur de démonstration tout objective et directe, impropres à jamais représenter le *sujet* parlant. C'est lui qui, plus tard, fournira l'accus. sk. *i-m*, lui, le neutre sk. *i-d*, ceci, ainsi, comme ceci ou en vérité. C'est lui que nous retrouvons dans le *i-s, i-d* du latin. C'est lui, enfin, qui, par la dérivation explicite, donnera au sanskrit *ay-am* (AI+*am*), *iy-am*, celle-ci, cette, celui-ci, ce; *id-am*, ceci, ce; *i-mam, ê-na* (AI+NA); *ê-ṣa* (AI+SA), *ê-ṣá, ê-tad;* et les formes adverbiales *i-va*, comme ceci, semblablement, *ê-va*, etc.

Aux monosyllabes pronominaux purement objectifs et à leurs variétés logiques et phonétiques, TA, SA, DA, I, l'aryaque oppose quatre pronoms monosyllabiques, tantôt objectifs et valant *celui-là, l'autre*, etc., tantôt subjectifs et disant *moi, nous, nous deux.*

Nous l'avons déjà vu, comme monosyllabe pronominal objectif, NA est l'antagoniste de TA.

TA montre *ceci, celui-ci*, et, devenant adverbe par dérivation implicite (latente), vaut *ici, maintenant, ainsi* et *oui*.

Au contraire, NA indique *cela, celui-là*, et, devenant adverbe par dérivation latente, signifie *là, ailleurs, autrement* et *non* (A-NA, sk. *ana, na*, etc.).

TA, parce qu'il dit *ici présent, visiblement* ou *sous nos yeux,* signifie aussi ce qui n'est pas caché, ce qui n'est ni dedans, ni derrière, ni après, valeurs réservées à son antagoniste NA. Aussi bien, lorsqu'ils viendront après le déterminatif A représentant l'objet ou le point de situation de l'objet, les accompagnateurs NA, NI, NU diront-ils toujours que ce point ou cet objet se trouve placé soit dans un contenant (A-NI, sk. *ni,* gr. ἐνί, ἐν, lat. *in,* got. *in,* etc.), soit après, tenant à, dépendant de (A-NA, A-NU, z. *ana,* sk. *anu,* gr. ἀνά, got. *ana,* all. *an,* angl. *on,* etc.), d'où venir après, être l'autre (ANYA, sk. *anya,* lat. *aliu-s* pour *aniu-s,* etc.), arriver en second, appelé en quelque sorte par le premier, image dans laquelle, pour le dire en passant, s'est incarnée la notion d'ANAlogie, cet événement interne dans lequel nous pensons et disons (λέγω, λόγος, etc.) une seconde chose *après* (ἀνά) une première.

Dès le début des dérivations explicites (polysyllabisme), cette position d'éloignement relatif emporta souvent avec soi les notions d'absence et de négation, d'où l'adverbe et préfixe A-NA, non, sans (z. *anagaretha,* sans nourriture; gr. ἀνά-εδνος, sans cadeau; ἀνά-ελπτος, sans espoir, inespéré).

Mais qui ne voit que, les deux éléments pronominaux de la forme complexe ANA appartenant à la même série (A, NA, VA, MA), chacun d'eux, pris à part, pourrait fort bien dire ce que dit le dérivé explicité à la formation duquel ils concourent? Or, c'est précisément ce qui arrive, et le langage védique est là pour nous montrer que la dérivation implicite avait fait des pronoms monosyllabiques A, NA des adverbes monosyllabiques revêtant les diverses significations de ANA, 1° après, d'après (ANAlogie); 2° non, ne, sans (séparation, ANAtomie, ANAlyse), sans préjudice aucun de la valeur subjective dont nous reparlerons tout à l'heure.

Tout le monde connaît l'adverbe-préfixe A, marquant absence, séparation, privation, lequel a dû être d'abord prépositif; c'est l'*a* privatif du sanskrit, du zend, du grec, etc. Il n'est pas inutile de rappeler ici que la nuance intermédiaire, celle d'*éloignement relatif*, n'impliquant pas encore la séparation ou la privation absolue, nous a été conservée dans le sanskrit. C'est ainsi que le composé *a-kêça* (de *kêça*, cheveu) signifie non-seulement *tout à fait chauve*, mais encore *qui a peu de cheveux*. (Dict. de Pétersb., 1re partie, p. 3.)

Appliquée au temps, cette notion d'*absence* fit de A, placé devant un verbe quelconque, le signe du passé, la négation de la présence ou du présent. C'est ce que les grammairiens, sans en connaître au surplus l'acte de naissance, ont nommé *Augment*.

Voilà, pour l'un des deux sens de A, celui d'éloignement relatif, d'absence, de passé.

Quant à l'autre signification, celle de dépendance, d'annexion, d'analogie ou de ressemblance, elle est beaucoup moins connue, grâce aux analyses imparfaites des grammatistes hindous. Cet adverbe prépositif A, après, sur (d'où d'après, comme), se reconnaît sans peine dans son rôle postérieur de préfixe inséparable lorsqu'il sert à composer soit un A-DAti, il mange, lat. *EDIt*, avec le verbe simple DA, rompre, sk. *dâ* et *ad*[1], soit un A-VAti, il souffle, gr. ἄFει pour ἄFετι, il souffle dedans, il enfle, d'où il emplit, il contente, il réjouit[2], avec le verbe simple VA, souffler, sk. *vâ* et *av*.

Côte à côte avec le A, après, sur, de l'aryaque, il faut ranger le A, d'après, selon, comme. Je n'en connais encore qu'un seul exemple en sanskrit, et c'est celui que donne le Dict. de Pétersb., au mot A : *kurûn açvâbhirakṣati* (*çvâ abhirakṣati*), il garde comme ferait un chien ceux qui sont à l'œuvre.

Les deux ordres connexes de significations propres à A, — c'est-à-dire 1° loin, sans, et 2° après, d'après,

[1] L'usage très-fréquent de ce verbe amena les contractions *admi*, *atti*, etc., pour *adâmi*, *adati*, etc., et c'est ainsi que, à côté de *edit* pour *adati*, il mange, le latin présente *est* pour *adti*, il mange, comme il a *festus* pour *fedtus*. Et voilà comment on fut conduit à prendre AD pour un verbe simple.

[2] Cf. SPR, PR (forme aphérésée) va, lui aussi, de *souffler*, *enfler*, à *emplir*, *contenter*, *réjouir*, d'où *aimer* (sk. *prî*).

— appartiennent également au pronom-adverbe NA. Inutile d'insister sur la valeur négative de NA, sk. *na*, z. *na*, lat. *ne*, employé soit comme adverbe, soit comme préfixe, dans des composés tels que sk. *na-ka-s*, personne, lat. *nemo* (*ne homo*), — sk. *na-ki-m*, non quelque chose, rien, lat. *homo ne-quam*, un homme de rien, — sk. *na-kula*, sans famille, — lat. *ne-fas*, *nescio*, etc. Mais il importe de mettre en relief l'autre signification, celle de *selon*, *d'après*, *comme*, car elle ne nous est restée que dans le vieux sanskrit et dans le lithuanien. La voici, par exemple, trois fois de suite dans le seul hymne 25 du 1er Mandala du Rig-Véda. A la strophe 3, vous lirez : *rathîr açvaṁ* NA *saṁditam*, COMME un cocher (délasse) un cheval fatigué. Pour dernier vers de la strophe suivante, vous trouverez : *vayô* NA *vasatîr upa*, COMME des oiseaux (volent) vers (leurs) nids. Une autre comparaison, non moins charmante, orne le verset 16 : *gâvô* NA *gavyûtîr anu*, COMME des vaches vers les pâturages. Le lith. *nei* est à la fois particule négative et particule de comparaison, comme le *na* sanskrit.

De la notion de *chose semblable à une autre*, telle que nous la retrouvons dans ce NA, comme, il n'était pas difficile d'aller à celle de conformité entre l'assertion du parleur et le fait affirmé par lui. De là le ναί et le νή des Grecs, ainsi, comme cela, certes, lat. *nae*.

A côté de NA et de A il importe de placer VA, de la même série naturelle A, NA, VA, MA. Comme eux, il signifie 1° loin, sans, et 2° après, d'après. Seul ou répété, le VA aryaque, sk. *vâ*, z. *vâ*, gr. Fή, ή, lat. *ve*, fonctionnant comme adverbe, est disjonctif ou de séparation. Il dit *l'un écartant l'autre*, ou...., ou... ou, ou bien... ou bien.....

On sait que le latin dut son *aut* (le *od* ou *o* des Italiens, notre *ou*), synonyme de *ve*, à un dérivé de AVA (AU), AVAta, ce qui est en état de séparation, de disjonction, en dehors d'une seule prise et imposant le choix. En ajoutant le VA d'éloignement au pronom A pris comme déterminatif d'un point relativement éloigné, les Aryas feront leur A-VA, celui-là, celui de là-bas, zend et ancien perse *ava*, et dont le neutre AVAm, z. *aom*, contracté en *ôm* dans le sanskrit, y prendra le sens de unité suprême ou infinie (cf. *tad*, *tad êkam*, *idam*).

Comme adverbe, c'est-à-dire comme demi-pronom d'où naissent conjonctions, préfixes et prépositions, le composé AVA signifiera au loin, loin de, puis de haut en bas, z. et sk. *ava*, lat. *au*—.(*au-fero*), escl. *u*—.

Au pronom-adverbe VA, nanti de sa seconde valeur significative (après, d'après, conformément), se réfère tout d'abord le contracté U, sk. *u* et *û*, après ceci, en outre, avec une faible nuance d'opposition à l'affirmation première (Benfey, *Sâma-Véda*, p. 28). Avec l'idée de dépendance, soit par contact, soit par soumission, ce même pronom-adverbe VA, U, donnera non-seulement le neutre UD, sk. *ud*, got. et ancien sax. *ut*, angl. *out*, all. *aus*, après, en dehors, au-dessus, en haut, mais encore les dérivés UTA, avec, aussi, encore, sk. *uta*, z. *uta*, anc. perse, *utâ*. Le zend *uiti*, dérivé du même U, reproduira l'individualisation habituelle de *après* en *d'après*, selon, conformément à.

Non loin de cet UTA, dérivé de U=VA par le pronom démonstratif TA, il faut ranger son analogue UPA[1], sk. et z. *upa*, got. *uf*, all. *auf*, après, auprès, sur, touchant à, dépendant de.

C'est toujours la dépendance, la position *après*, mais avec la notion annexe d'infériorité relative, que marqueront dans les langues gréco-latines les composés de UPA par SA : lat. *SUB* pour *SUP* (cf. *AB* pour *API*= APA), et gr. ὑπό pour συπό, car la soufflante gutturale (esprit rude) remplace bien ici un σ, puisque, dit excellemment M. Benfey (d'après Ahrens, *Dial.*, 75), le dialecte éolien porte en ce cas l'esprit rude. Et voilà comment la signification la plus obvie du sanskrit *upa*

[1] Le démonstratif PA n'est jamais employé en dehors de la dérivation où il sert comme substitut de TA.

est (*après*) sur, tandis que le sens le plus ordinaire de ὑπό et de *sub* est (*après*) sous.

Enfin VA, après, d'après, avec sa notion d'analogie ou de ressemblance, se vérifie encore dans deux combinaisons avec I, ceci : I-VA, sk. *iva*, en se rapprochant de l'identité (*Idem*, I), en suivant ce I de près, pareillement, comme; AI-VA (avec *i* guné en *ai*), sk. *êva*, z. *aêva*, ainsi, c'est comme ceci (I), en vérité.

Le pronom démonstratif MA, frère de NA, marque l'extrême bout, la dernière limite, l'éloignement le plus grand, et, par suite, la négation et le rejet. On a reconnu le MA négatif et prohibitif, sk. *mâ*, gr. μή, z. et ancien perse *mâ*. Uni aux montreurs des objets rapprochés, SA, I, le pronom-adverbe MA, dans I-MA et dans SA-MA, forme de véritables superlatifs de démonstration. Ima, sk., z. et anc. perse *ima*, dit *celui-ci même*, tandis que Amu, frère de Anu, indique de loin *celui-là*, l'autre. SAma, superlatif de SA, vaut également *celui-ci tout entier*, *lui-même*.

C'est ici qu'il importe de distinguer profondément entre la signification objective des quatre pronoms A, NA, VA, MA, cela, celui-là, l'autre, telle que nous venons de l'étudier, et le sens tout subjectif de ces mêmes vocables monosyllabiques devenus par individualisation les quatre pronoms aryaques de la première personne. Quelle est donc la situation logique qui pouvait amener cette individualisation? Je réponds : l'inutilité évidente, absolue, pour le sujet, qui se sent et qui se sait parlant, d'insister sur la démonstration de sa personne, perçue en même temps que sa parole. Ce fut, sans doute, par une même raison d'évidence forcée que l'indication du sexe des parleurs et des interlocuteurs fut omise dans la dernière évolution des pronoms personnels. Comparez AGAm ou AGHAm (selon les tribus), sk. *aham*, z. *azem*, gr. ἐγών, je ou moi (nominatif); TVAm, sk. *tvam*, z. *tûm*, gr. τούν, tu ou toi, dans lesquels la terminaison par excellence du genre neutre, —M, n'est elle-même qu'un fragment de MA, toujours de la même série des pronoms indicatifs des objets relativement éloignés, en même temps que l'antagonisme de SA, d'où —S, la terminaison ordinaire des noms masculins et féminins au nominatif.

Aux temps historiques, nous voyons le pronom A, moi, reproduit quinze fois dans la déclinaison indienne du pronom de la première personne. Au nominatif singulier *a-ham* [1], je ou moi, cité plus haut, il faut d'abord ajouter les sept cas du duel où ce même pronom A, moi, est accompagné du pronom

[1] Pour AGHAm, avec aspiration inorganique du G de *ga* (le γε grec), comme dans sk. *hanu*, pour *ghanu*, au lieu de GAnu, gr. γένυ-ς, lat *gena*, got. *kinnus*, all. *kinn*.

de la seconde personne VA, toi, dans *âvâm* pour *âvâu*, c'est-à-dire *a+va+a+u*, moi et toi, à nous deux.

Aux sept cas du pluriel, — y compris le nominatif védique *a-smé*, — vous trouverez A, moi, suivi du suffixe SMA, dont on connaît le rôle important dans la déclinaison pronominale, et que l'on pourrait considérer comme un superlatif de SA, SAMA contracté en SMA, superlatif analogue à IMA, dont il a été question plus haut.

L'accusatif, le datif et le génitif du duel nous offrent le pronom NA, qui, à l'A formatif du duel et à l'U explétif, donne *nâu* (=*nu+a+u*), nous deux, gr. νῶϊ. Aux mêmes cas du pluriel, ce même NA prend le signe ordinaire du nombre S (pour SA, lui, quelqu'un, à ajouter, bien entendu) et donne au sanskrit *nas*, qu'il faut rapprocher du latin *nos*.

Substitut de MA, de NA et de A, le pronom de la première personne VA nous est parvenu non-seulement dans le sk. *vayam*, nous (nomin.), et dans le z. *vaêm*, nous (nomin.), mais encore dans l'esclavon *vě*, nous deux, dans le got. *vi-t*, nous deux (avec *t* pour *tva*, deux, DVA; cf. lith. *du*, deux, dans *mù-du*, nous deux, et *jù-du*, vous deux), et dans le pluriel got. *veis*, nous, le même que le *we* anglais et le *wir* allemand.

Est-il besoin d'ajouter ici que, des quatre membres

de la série A, NA, VA, MA, ce dernier, MA, semble avoir été l'indicateur par excellence du sujet parlant? Et cela est si vrai que, parmi les peuples aryanisés, plusieurs en vinrent à transporter ce MA au duel et au pluriel. A la manière des Lithuaniens, qui en firent leur duel *mù-du,* nous deux, les habitants de la Nouvelle-Zélande en composèrent leur *mu-ua* avec *ua* pour dúa=DYA (Bopp, *V. Gr.*, II, p. 103, en note). Au pluriel, nous voyons ce MA, moi, donner le *mēs,* nous, des Lithuaniens, le *mŭ,* nous, des Esclavons, et le *meq'* des Arméniens.

En résumé, lorsqu'ils fonctionnent comme pronoms de la première personne, A, NA, VA, MA affirment l'être subjectif par leur opposition naturelle et permanente à l'être objectif montré par I, TA, SA, DA. Qui n'aimerait à reconnaître chez les Aryas de ces âges reculés une conscience aussi nette de l'originalité contemporaine et de l'indépendance réciproque du sujet et de l'objet?

Je reprends en sous-œuvre le contraste, d'ailleurs bien établi, de I, ceci, d'où *ici,* avec A, cela, d'où *là,* pour indiquer comment l'énoncé successif de I et de A, engendrant le dérivé monosyllabique YA, suffit à constater le rapport, la *relation* entre les deux termes, I-A, et à créer ainsi le pronom relatif YA, sk. *yas, yâ, yad,* — zend *yô, yâ, yaṭ,* — gr. ὅς, ἥ, ὅ, (avec la sifflante du gosier (esprit rude) remplaçant la sifflante du palais (Y), — got. *ja* dans *ja-bai,* si.

C'est de l'intonation, c'est de l'inflexion de la voix que l'interrogatif KA, KI, KVA ou KU (cf. TA, TVA et SA, SVA), sk., z. et anc. perse *ka,* lith. *ka-s,* got. *hva-s,* sk. *ki-s,* z. *ći-s,* gr. *τί-ς,* lat. *qui-s,* recevait d'abord, et reçoit encore d'ordinaire, le sens de provocateur d'une réponse. Avec le sens indéfini de *quelqu'un, quelque chose,* KA n'est autre que le pronom d'interrogation repris à dessein par l'interrogé, mais, cette fois, sans l'intonation interrogative. C'est, pour l'interrogé discret ou ignorant, un moyen tout trouvé de donner un sujet à sa phrase (réponse à une demande faite ou supposée), sans déterminer l'individu ou la chose qu'il ne veut ou qu'il ne peut nommer[1].

Comme pronom interrogatif (qui? quoi?) et comme pronom indéfini (un, quelqu'un, quelque chose), KA, KI, comme tous les autres pronoms dits de la troisième personne, subit cette dérivation implicite qui en fit plusieurs adverbes de haute nécessité. Appliqué tout d'abord à l'espace, KA, KVA ou KU devint adverbe de lieu, comme le prouvent le sk. *kva,* où? le

[1] Ainsi, dans cette phrase latine : *Quis egreditur?* qui sort? *quis* (le KI aryaque avec le s du nominatif) est interrogatif, et par sa position et surtout par son intonation sollicitant une réponse. Dans celle-ci, au contraire : *Egressus est quis,* quelqu'un est sorti, *quis* est un simple pronom indéfini.

z. *kva,* où? le got. *hva-r,* all. *(h)wo,* etc. Suivi du verbe-nom DHA, placer-place, situer-site, KA, KVA, fournit les expressions composées KA DHA? KVA DHA? en quelle place? en quel site? On sait comment l'agglutination rapprocha les deux monosyllabes dans l'adverbe de lieu KUDHA, sk. *kuha* pour *kudha,* avec la chute si fréquente de l'explosive faible devant *h*.

La notion de durée s'incarnant toujours et nécessairement dans des images de l'espace, KA, KVA, d'abord *où?* interrogea de même sur le moment où avait été posé l'acte objet de l'enquête. De là KAd, quand? et l'autre forme neutre KAm, reproduite dans le relatif *cum* ou *quum* des Latins, quand, lorsque.

Ici, à l'expression composée *en quel site?* correspond tout naturellement la formule *en quel jour?* KA DA? car le verbe-nom DA, z. et sk. *dâ,* luire-jour[1], est par lui-même et par sa variante phonétique DI (d'où *di-na, di-va*[2], *dai-va, dî-di,* etc.) l'un des verbes les

[1] Ce sens de *luire, être clair, éclairer* (sk. *ava-dâ-ta,* éclairé, clair), d'où les corrélatifs *voir, savoir*, n'est qu'une signification secondaire et toute métaphorique de sk. et z. *dâ* dont la valeur directe première est *répandu, couler,* les flots de lumière étant ici, comme souvent, assimilés aux ondes du fleuve (*dâ-nu,* le coulant, le fleuve, le *Don*, etc.).

[2] Dérivé du verbe DI par le pronom-suffixe *va, diva,* ce qui luit, ce qui brille; a donné la fameuse racine *div,* l'un des résultats funestes de cette mauvaise anatomie dont je me plaignais plus haut.

plus répandus de l'aryanisme. Agglutinés, les deux éléments monosyllabiques KA et DA nous parvinrent dans *KADA*, sk. *kadâ*, en quel jour ou en quel temps, quand? z. *kadha*, quand? lat. *quando*.

Ai-je besoin d'ajouter que les verbes-noms disant ici le *site*, là le *jour*, entraient tout naturellement dans les formules composées de la réponse? A la demande KA DHA? KVA DHA? en quel lieu? il était répondu I DHA, en ce lieu-ci, sk. *i-ha* pour *i-dha* (comme *ku-ha* pour *ku-dha*), ou A DHA, en ce lieu-là, *après* ou *en bas*, sk. *a-dha*, d'où *adhara*, inférieur. C'est surtout par *a-dhi*, véritable locatif de *a-dha*, que le sanskrit rendra les nuances *après*, *auprès*, *sur*. Et, de même, à la question KA DA? sk. *ka-dâ*, en quel jour? en quel temps? l'on répondra I DA, en ce jour, en ce temps, maintenant, sk. *i-dâ*, d'où *i-dâ-nîm*, ou bien TA DA, sk. *ta-dâ*, d'où *ta-dâ-nîm*, alors.

Les dérivations implicites du questionneur, KA, KVA, et les formules interrogatives à deux monosyllabes (l'un pronominal et l'autre verbal) qui y furent souvent substituées, sont à coup sûr fort curieuses; mais un intérêt non moins puissant s'attache à l'examen des dérivations latentes de ce même KA, devenu pronom indéfini et valant *un*, *quelqu'un*. Que le lecteur veuille bien se rappeler ici ce que nous disions plus haut du Romain répondant, avec une intonation *sui generis*, tantôt *quis*, quelqu'un, *un* individu quelconque, tantôt *quid*, une certaine chose, aux interrogations *quis? quid?* demandant une détermination qu'elles n'obtiennent pas. Or, l'idée contenue dans KA, un (*une* certaine personne, *une* certaine chose), perd facilement sa valeur concrète pour ne garder que deux notions abstraites qu'elle engendre aisément dans l'esprit, celle d'*unité* et celle d'*union*. Et, tandis que l'idée d'*unité* conduit droit à celle de *totalité* ou d'*intégrité*, d'où celle de *plénitude*, d'*accomplissement* ou de *perfection*, l'idée d'*union* mène aux notions d'*ensemble*, de *concours*, de *secours* et de *force*.

A la première des deux notions, à la notion d'unité, individualisée en celle de totalité, de généralité, se rattache KI, totalement, entièrement, tout à fait. Le KI aryaque, par son neutre KID (dérivé de KI par DA) sera souvent répété en sanskrit sous la forme *ći-d* (*kaç-ćid*).

KA, en un, dans l'unité, totalement, tout à fait, fortement, puis ensemble, avec, donna aux strates polysyllabiques un préfixe KA—, sk. *ka—, k—*, lat. *co—*, got. et tud. *ga—*, all. *ge—*, par le germanique commun *ha*-KA [1]; il leur a fourni, de même, un suf-

[1] Le gotique *ga-*, comme le *co-* ou *cum-* des Latins, est loin de signifier toujours *ensemble, avec* (union); il signifie fréquemment *dans l'unité, totalement, entièrement, fortement*, comme dans *ga-haban*, tenir

fixe adverbial, tantôt indéfini; z. —*ca* (*čis-ča*), lat. —*que* (*quis-que*), etc., tantôt purement conjonctif, sk. et z. *ča*, lat. *que*, etc.

Me sera-t-il permis de faire remarquer que le KA adverbe prépositif aryaque, devenu le *ga*— ou *ge*— des idiomes germaniques, individualise tellement son idée d'unité ou de totalité en celle de complet, achevé, fini, parfait, qu'il y devient par excellence le signe du passé? « C'est tout! » dit-il alors, « c'est fini! L'action n'est pas en train de s'accomplir; il n'y a pas ici une portion ou un simple commencement de l'acte à exécuter. Non, l'action est parachevée. Elle n'est pas une moitié, un tiers, un quart : elle est un *entier*, un tout, une unité. »

C'est par le troisième sens du *ga*— germanique, celui d'*ensemble* ou d'*union*, que je tiens à rentrer dans l'histoire idéologique de notre KA. Au neutre KAm, ensemble, avec, répond le latin *cum* ou *quum*. Mais le simple thème primitif, KA, est reproduit avec la même valeur conjonctive (*et, avec*) à la condition qu'il soit placé après son complément. Au signalement de cette fonction, le lecteur reconnaît sans peine le sk. et z. —*ča*, le gr. —τε, le lat. —*que*, le got. —*h* (got. *ni-h*, lat. *ne-que*). Il est facile de voir, à la lecture de

ferme, contenir, *ga-kiusan*, éprouver. Le *ga-* du tud., *ga-hlaupan*, vaut de même *fortement*.

tous les vieux textes de l'Asie et de l'Europe aryanisées, que ce KA, avec le sens d'*aussi, avec*, ET, fut dès le commencement la conjonction copulative par excellence : MA TVA KA, sk. *mâ tvâ ća*, z. *mâ thwâ ća*, lat. *me te que*, etc, *moi toi* (assemblés en) UN (groupe), *moi* ET *toi*.

En insistant sur le démonstratif SA, qui, comme lui, valut *un*, c'est-à-dire unité et union, notre KA, un, donna l'agglutiné SA-KA, un-un, un-seul, dont la forme neutre SA-KAm, corrélative à l'instrumental SA-KÂ, sk. *saćâ*, z. *haćâ* (cf. sk. *kathâ*, comment, rapproché de *katham*, comment), se contracta chez les Grecs en σκυν pour SKAm d'où ξυν et, avec chute de κ devant la sifflante σ, συν[1].

En se juxtaposant au même KA, un, quelqu'un, le pronom I, de la même série que SA, donna I-KA, un, tout à fait un, un seul, lequel, guné en AI-KA, se retrouve et dans le sk. *ê-ka*, un, et dans le lat. *ae-quu-s*, où la notion d'identité se change, comme d'habitude, tantôt en celle d'égalité, tantôt en celle de ressemblance[2]. On sait que *aequus* a produit *aequalis* devenu notre *égal*.

[1] Voir la *Zeitschrift* de M. Kuhn, tome XI, p. 309.

[2] Ainsi SA-MA, véritable superlatif de SA, lui, tout à fait lui, celui-ci même, got. *sama*, angl. *same*, auquel on doit gr. ἅμα, ὁμός, lat. *simul*, dans l'unité de temps, ne dit plus que *pareil* et *pareillement* dans lat. *similis*, *simulare*, devenu notre *sembler*, base de *ressembler*, *ressemblance*.

Cette valeur individualisée du pronom I, dans I-KA, AI-KA, se retrouve et dans I-VA, AI-VA, un, ancien perse *ai-va*, sk. *êva*, z. *aêva*, gr. οἶϜο-ς, et dans I-NA, AI-NA, qui, simplement démonstratif dans sk. *ê-na*, ce, donne aux Grecs leur οἰ-νή, unité ou as des dés, aux anciens Latins leur *oi-no-s* devenu *u-nu-s* (cf. *moenia* ou *moinia*, devenant *munia*) aux Gots leur *ai-na-s*, un, identique à l'*ąi-na-s*, un, de l'ancien prussique.

Je ne saurais finir cette esquisse du fonds pronominal des Aryas sans citer un pronom déterminatif *GHA*, *lui-même*, d'où les notions adverbiales *réellement, vraiment, en vérité*. C'est ce pronom déterminatif d'insistance qui suit le pronom A, je ou moi, dans A-GHAm, sk. *aham*, z. *azem*. Les tribus qui aryanisèrent l'Europe disaient alors GA pour GHA, à la manière des anciens Baktriens, car nous trouvons ἐγών en grec, *ego* en latin, *ik* en gotique (le *gh* primitif eût donné le germanique *g*), à côté du —γε enclitique (sk *gha* et *ha*) lat. —*ce* ou *que*.

II. — VERBES-NOMS.

Un geste oral monosyllabique intimement et indissolublement uni au simulacre interne d'une action bruyante ou silencieuse, voilà le verbe simple ou primitif des Aryas. Or, cette représentation intérieure d'*un* mouvement déterminé, conçu dans sa cause et observable en ses effets, qu'est-ce sinon un groupe de sensations renaissantes reliées entre elles par les aperçus logiques d'une raison primesautière? Il y a là des images associées et des applications d'idées générales, formant le premier anneau d'un couple dont la syllabe verbale constitue le second. Étroite, très-étroite est la liaison qui rattache entre eux ces deux termes : le signe et le signifié. Le monosyllabe significatif a la propriété d'évoquer instantanément le simulacre de l'action. De son côté, le simulacre de l'action rappelle immédiatement le geste oral évocateur.

Comment s'établit à l'origine cette liaison fixe entre la syllabe verbale et l'idée qui en est l'âme, c'est ce que j'essayerai de montrer au chapitre suivant, en formulant la double loi de création des verbes simples primordiaux. Ici, je ne veux tenter autre chose qu'un essai de statistique des formes verbales premières, en le faisant précéder de quelques considérations sur la composition latente et sur la dérivation implicite.

Par l'adjonction purement intérieure ou mentale de rapports nouveaux, la composition latente individualise l'idée spécifique ou relativement vague contenue dans un monosyllabe verbal déjà créé et possédant, depuis un temps plus ou moins long, une valeur courante connue et reçue de tous les individus d'un même groupe.

Par un changement de point de vue dans l'observation du groupe logique trinitaire SUJET-ACTION-OBJET, la dérivation implicite fait d'un verbe un nom actif ou un nom passif. Qu'il me soit permis de donner d'abord quelques détails sur ce dernier mode d'évolution des verbes primordiaux.

Réduit à ses éléments logiques nécessaires, le nom contient trois choses :

1° La notion d'un être individuel faisant ou subissant une action donnée;

2° L'idée de cette action caractéristique faite ou subie par cet être individuel;

3° La conception du rapport de subjectivité ou d'objectivité de cè même être devant cette même action.

Dans la dérivation explicite d'un nom (substantif, adjectif ou participe), l'être individuel est représenté par un pronom, — l'action, par un verbe, — et le rapport d'activité ou de passivité, par un signe qui nous avertit que l'être représenté par le pronom est sujet ou objet de l'action dont il s'agit. Ainsi, tandis que le pronom TA, restant tel quel et portant l'accent tonique, accuse toujours sa passivité ou son objectivité devant l'action verbale qui le précède (STAta, par exemple, chose établie, TA subissant l'action de STA, presser sur, poser, établir), la chute de la voyelle A du pronom (TA) ou bien encore sa conversion en I, en U ou en R vocal déclare la subjectivité du même pronom devant le verbe et crée ainsi quatre formes de noms actifs : —T, —TI, —TU, —TR (STAT, participe actif, vulgairement appelé participe « présent », montrant l'être individuel au moment où il se pose ou se tient ferme; STATI, l'action de poser ou de se tenir; STATU, la puissance qui établit; STATR, celui qui arrête.

Eh bien, la parole aryaque, à ses débuts, ne connaissait pas, ne pouvait connaître ces dissyllabes à trois éléments, j'allais dire ces phrases en raccourci, car il y a là des propositions entières exprimant des jugements complets. Force lui était de faire ce que font encore les langues restées à l'état monosyllabique, le chinois, par exemple. Elle sous-entendait à la fois et le pronom et le signe de rapport porté par ce pronom. Mais, ces deux choses sous-entendues, elle les voyait forcément l'une et l'autre. Comme le font encore aujourd'hui les Chinois, elle opérait donc mentalement la dérivation. Le verbe alors était aperçu comme déterminant ou caractérisant l'être tenu en ce moment-là sous l'œil de l'esprit; il remettait en pensée l'individualité vivante ou inorganique bien connue pour recevoir ou exécuter d'habitude l'action peinte par ce même verbe.

En d'autres termes, le jugement, qui constitue l'essence du nom, était complet dans l'esprit du parleur, malgré l'incomplet de sa proposition. DA ne disait pas seulement *donner ;* il signifiait aussi le *donneur*. VA ne rappelait pas uniquement l'action de *souffler, venter ;* il représentait encore le *souffle,* le *vent,* l'*air*. Si GU ou GAU remettait fort bien en sensation l'action de *mugir,* il était encore la dénomination bien connue du *mugissant* et de la *mugissante,* du *taureau* et de la *vache*. La même dérivation intérieure s'observe dans le passage du verbe SU ou SAU, arroser, féconder, au nom SU ou SAU, désignant un animal fécond par excellence, le *porc*.

De son PA, garder, posséder, l'Arya fit ainsi son PA, gardien, possesseur ou maître. Son BHA, briller, luire, il le dédoubla pour en faire son BHA, étoile, comme de son BHI, trembler, craindre, il sut tirer son BHI, frayeur.

A son verbe MA, étendre, d'où les deux principales individualisations *produire* (propager) et *mesurer,* il demanda l'appellation de cette *créatrice* (productrice) qu'on nomma plus tard MATR, mère, et qu'il appela d'abord MA tout court, comme il nommait encore MA l'instrument de mensuration, la mesure.

C'est du verbe SKI, incliner (fléchir vers le bas),

d'où *s'appuyer sur, se coucher,* que, par la même dérivation intérieure, il fit le nom SKI, la terre, le sol, la demeure. C'est de même du verbe SKA, jaillir, sourdre, qu'il tira le nom de la source, SKA. Remarquons en passant que la grande source de lumière, le soleil, s'appela aussi SKA. STR ou STAR, répandre, a donné de même STR ou STAR, astre.

DHI, luire, voir, savoir, est aussi, chez les Aryas, le nom de la pensée, DHI. Le même GA, étendre, propager, produire, leur donna GA, le géniteur, GA, la naissance, et GA, l'enfant.

Un verbe RU, pourfendre, déchirer avec fracas, se fit nom commun dans RU, déchirement, séparation.

Je m'arrête, car aussi bien j'entends quelque lecteur murmurer tout bas : « Hypothèses que tout celà ! »

— Pardon! répondrai-je; mais ces verbes, qui sont en même temps des noms, je ne les ai pas inventés, je les ai copiés tout simplement en restaurant çà et là les formes organiques, conformément aux lois naturelles phonologiques les mieux établies. Oui, pour notre plus grande édification scientifique, ces verbes-noms monosyllabiques (et plusieurs autres encore) nous sont parvenus tels quels. Ainsi, pour reprendre l'ordre des exemples cités, le sanskrit vous montre encore son *dâ,* donneur, à côté de son *dâ,* donner; son *va* [1], air, vent, près de *vâ*, souffler, venter; son *gô* (pour *gau*), le taureau et la vache, all. *Kuh*, angl. *cow*; etc., à côté de son *gu* ou *gau* (*gavatê*), mugir, retentir. Son verbe *su* ou *sû*, z. *hu*, faire couler, arroser, féconder, ne saurait être séparé de z. *hu*, le porc, gr. σῦ-ς, lat. *su-s*, all. *Sau*, angl. *sow*, etc.

Impossible de ne pas rapprocher dans la langue sacrée des brahmes le verbe *pa* ou *pâ*, garder, posséder, du nom *pâ*, gardien, d'où *gô-pâ*, le vacher, le pasteur, et du nom *pa*, le possesseur, le maître, dans *nr-pa*, *adhi-pa*, *bhûmi-pa*, etc. Le même lien d'identité primordiale rattache dans la même langue le nom *bha*, étoile, lumière, apparence, ressemblance, au verbe *bha* ou *bhâ*, briller, luire, paraître; le nom *bhî*, crainte, au verbe *bhî*, craindre, avoir peur; le nom *mâ*, la mesure, à *mâ*, mesurer; *ma*, la mère, à *mâ*, procréer; *kṣi* (pour *ski*), le sol, la demeure, à *kṣi*, s'appuyer sur, demeurer; *khâ*, la source (pour *skâ*, d'après une loi bien connue), à un verbe *ska*, jaillir, inusité en sanskrit, mais qu'on retrouve et dans le lithuan. *skatau*, je bondis, je jaillis, et dans les formes latines *scateo*, *scaturio*. Le même verbe *ska*, jaillir, donne au sanskrit l'un des noms du soleil, *kha* (pour

[1] C'est le premier mot de la liste placée sous V dans le *Diction.* de Pétersb.

ska). Il en fut de même du verbe *str, répandre,* qui signifie *répandre des flots de lumière,* dans le verbe-nom *str* ou *star,* astre, étoile, z. *çtare,* cf. lat. *stella* pour *ster-ula,* allem. *Stern*.

En sanskrit, la forme verbale *dhî,* luire, voir, savoir, est accompagnée de la forme nominale *dhî,* la pensée, la vue de l'esprit. Le nom sanskr. *ja* (pour *ga*), avec ses significations de *fils,* de *père* et de *naissance,* n'est qu'une dérivation implicite du verbe *ga* ou *gâ,* produire, engendrer, d'où, par le thème *ga-nu,* engendré, la racine *jan*—, gr. γεν—, lat. *gen*—, german. *kin*—, etc.

Enfin, le verbe sanskrit *ru,* déchirer, est encore accompagné du substantif *ru,* déchirement.

Ainsi, sans recourir au procédé pourtant bien légitime de l'induction, nous tenons des faits certains qui nous montrent le monosyllabisme nominal vivant à côté du monosyllabisme verbal et lui étant extérieurement identique.

On vient de le voir, la dérivation latente ou implicite, qui convertit de la sorte un monosyllabe verbal en un monosyllabe nominal, ne change rien à l'idée du verbe : elle ne fait que varier le point de vue sous lequel l'esprit considère cette idée dans un même verbe-nom.

Mais ces idées verbales elles-mêmes n'ont-elles pas,

comme les idées pronominales, subi çà et là des modifications plus ou moins profondes, sans que leur organisme syllabique en ait été changé? Oui, et ici encore nous retrouvons les effets de la loi d'INDIVIDUALISATION MULTIPLE ET PROGRESSIVE d'une même idée sans changement corrélatif dans la forme extérieure du vocable.

La composition explicite ou ordinaire, que tout le monde connaît, limite un mot dans sa valeur significative en lui préfixant un autre mot, véritable borne de signification. Voici, par exemple, le verbe I qui signifie *aller* dans toutes les directions. L'arya lui attache, en guise de précurseur immédiat, UD, au-dessus, au dehors (voir plus haut, p. 22), et son verbe *composé* UDI signifiera *sortir, s'élever*. Si, au lieu du limitatif UD, il mettait la borne SAM, en un, ensemble (voir plus haut, p. 32), sa composition explicite, à la fois intérieure et extérieure, SAMI, dirait *aller ensemble, convenir*.

Dans ces individualisations ou particularisations de sens, le parleur, dès l'abord, vous annonce par le préfixe dans quelles limites vous aurez à contenir la signification plus ou moins large du verbe qu'il énonce. Impossible de s'égarer un instant quand le préfixe reste à sa vraie place. On joue ici cartes sur table, car ce qui est dans la tête on le met tout entier dans la bouche. Telle est la composition explicite.

Il n'en est pas de même dans la composition implicite ou purement intérieure. Là, toujours le limitatif individualisateur est et reste sous-entendu. Tantôt ce déterminatif, pensé mais non rendu, est un adverbe prépositif (préfixe, préposition), comme *autour*, changeant un verbe, au sens premier de *fléchir*, en un nouveau verbe au sens d'*entourer, couvrir*, — comme *en bas*, *vers le bas*, changeant ce même verbe à la signification première de *fléchir* en un autre nouveau verbe ayant alors le sens de *pencher, incliner, s'appuyer, s'asseoir, se coucher*. Tantôt l'idée latente individualisatrice est empruntée à la forme, à la nature particulière du sujet, de l'instrument ou de l'objet de l'action spécifique représentée par le verbe avant toute individualisation. C'est ainsi que *souffler* s'individualise en *parler* (souffler mot) ; c'est encore ainsi que *presser sur* s'individualise ici en *marcher* (faire des empreintes ou *marques* de pieds sur le sol), là en *piquer, enfoncer*.

Parfois, l'action directement exprimée par le verbe ne dit plus que le premier temps de l'action individualisée. La parole alors dit l'antécédent, condition *sine quâ non*, pour le résultat ou conséquent forcé. C'est ce qui arrive chaque fois que le langage se sert d'un verbe primitif au sens de *fléchir* pour signifier *faire ressort, jaillir, bondir,* effets naturels de la flexion quand celle-ci s'exerce sur des corps élastiques. C'est encore ce qui advient quand la parole dit *sécher, dessécher,* par *venter,* et *enflammer, brûler,* par *souffler*.

Voici un autre exemple du rôle que peut jouer dans l'individualisation la nature de l'objet auquel s'adresse l'action spécifique incarnée dans le monosyllabe verbal. Très-souvent la *flexion,* grâce à la nature peu élastique ou peu ductile de l'objet *fléchi,* est accompagnée de bris ou de fracture. Aussi bien l'aryaque charge-t-il fréquemment ses formes au sens de *fléchir* de signifier *rompre, briser*.

Mais ce n'est point ici le lieu d'entrer dans plus de détails sur les procédés divers d'individualisation de l'idée-espèce contenue dans un verbe primitif. J'ai voulu seulement montrer quelle inépuisable source de richesses cette composition latente prête à l'art spontané de la parole. Ai-je besoin d'ajouter que, si la forme orale au sens spécifique (*fléchir, étendre, serrer, répandre,* etc.) n'eût pas préexisté comme monnaie courante de la pensée, il ne pouvait être question d'individualisation ni d'aucune autre variation progressive. Ce sera donc sous leurs formes *spécifiques* respectives qu'il nous faudra ranger les *variétés* et *sous-variétés* idéelles incluses dans les monosyllabes verbaux.

Ici donc se présente une grave et décisive question : l'étude comparative des vocabulaires indo-européens, faite au point de vue de l'individualisation historique des idées, peut-elle conduire à une synthèse dans laquelle, placées les unes et les autres sous leur genre commun, les idées spécifiques (ou espèces logiques) seraient suivies de leurs variétés et de leurs sous-variétés naturelles, c'est-à-dire de leurs individualisations, soit collatérales, soit progressives? Oui, cette synthèse est possible, grâce à la découverte des lois qui régissent l'individualisation et l'assimilation des idées verbales. Ces lois seront vérifiées dans les chapitres qui suivront celui-ci. Pour le moment, je veux indiquer à quelle classification naturelle des idées verbales m'ont conduit celles de ces lois que j'ai pu reconnaître et formuler.

Les actions dont l'élément principal est un bruit caractéristique sont rappelées, en aryaque comme dans les autres systèmes glottiques, par des imitations orales connues de tout le monde sous le nom d'*onomatopées*. Comme les monosyllabes imitatifs qui les remettent en sensation, les actions sonores ou bruyantes dont je parle m'ont toujours paru se référer à trois genres distincts : le genre CRIER, le genre SOUFFLER et le genre RACLER.

En dehors des onomatopées, peu nombreuses d'ailleurs dans la langue commune, tous les verbes restants, — et c'est la grande majorité, — ne représentent jamais que deux genres contrastés d'actions :

1° Des actions à base de mouvement compressif ou convergent ;

2° Des actions à base de mouvement expansif ou divergent.

Les premières, composant le genre PRESSER, sont les espèces POSER, — FLÉCHIR, — CONDENSER.

Les secondes, formant le genre TENDRE, sont les espèces ALLER (=*tendre vers*), — ÉTENDRE, — RÉPANDRE.

A chaque espèce dans un genre vient s'opposer, dans l'autre genre, une idée spécifique contraire. Partout, l'*espèce* offre un nombre plus ou moins considérable de *variétés* qui, elles-mêmes, s'individualisent à leur tour en *sous-variétés* parfois assez nombreuses. C'est ainsi que, dans le genre PRESSER, l'espèce FLÉCHIR se particularise dans les dix variétés suivantes par de véritables compositions implicites :

1° FLÉCHIR, d'où *entourer* (fléchir autour) avec ses sous-variétés (par de nouvelles compositions latentes), *embrasser* (entourer avec les bras), *prendre* (entourer avec les doigts, avec les mains), *couvrir, garder,* etc.

2° Fléchir, d'où *bondir, sauter, marcher* (fléchir les membres pelviens).

3° Fléchir, d'où *s'incliner, se coucher, s'asseoir* (fléchir son corps, le mettre dans un état de flexion ou de demi-flexion).

4° Fléchir, d'où *tourner, rouler, tourbillonner,* etc.

5° Fléchir, d'où *lier, entrelacer* (fléchir l'un dans l'autre).

6° Fléchir, d'ou *tordre, tourmenter* (fléchir rudement).

7° Fléchir, d'où *rompre, briser* (un des effets de la flexion).

8° Fléchir, d'où *être concave, creuser.*

9° Fléchir, d'où *être convexe, s'élever en bosse.*

10° Fléchir, d'où *trembler* (fréquentatif : fléchir et fléchir encore).

Dans les différentes espèces des cinq genres logiques qui composent le domaine verbal indo-européen, toutes les individualisations sont dominées par ce grand principe commun à toutes les sciences naturelles : *Non fit saltus in naturâ.* Du même SKA, fléchir, vous irez facilement, par individualisation directe (composition implicite), soit à SKA, marcher, soit à SKA, entourer, soit à SKA, lier, soit à SKA, rompre, soit à SKA, être creux, soit enfin à SKA, trembler, secouer, être agité; mais essayez donc de sauter directement de SKA, entourer, couvrir (d'où sk. *chad*, etc.), à SKA, trembler, d'où SKAG, sk. *khaj*.

La loi d'assimilation, ce forceps dont se sert l'esprit analogique pour extraire de l'âme l'idée profonde et l'amener dans le monde des réalités sensibles, avec le relief accusé du fait physique, voilà le grand instrument qui, joint aux lois de dérivation latente et de composition implicite, permit à l'Arya de tout peindre, de tout dire, même durant la période, peut-être fort longue, du monosyllabisme.

FIN DU CHAPITRE I.

IDÉOLOGIE

LEXIOLOGIQUE

II

LA LOI DE CRÉATION DES VERBES PRIMITIFS

II

LA LOI DE CRÉATION

DES VERBES PRIMITIFS

> C'est l'œuvre de la science, œuvre infiniment délicate et souvent périlleuse, de deviner le primitif par les faibles traces qu'il a laissées de lui-même. La réflexion ne nous a pas tellement éloignés de l'âge créateur que nous ne puissions reproduire en nous le sentiment de la vie spontanée.
>
> ERNEST RENAN.

En dehors des cris de l'âme appelés *interjections* et constituant une sorte de langage à part, la parole analytique primordiale n'offrait donc que deux espèces de mots contrastés :

1° Des pronoms-adverbes;

2° Des verbes-noms.

Le monosyllabe adverbial était extrait du monosyllabe pronominal qui naturellement le contenait, et ce dédoublement était opéré par un procédé de dérivation intérieure ou latente.

Et, de même, le nom monosyllabique, substantif

ou adjectif, était extrait du monosyllabe verbal où il était renfermé, et cette opération spontanée de dédoublement fonctionnel est encore de la dérivation latente ou implicite.

Je répète que la dérivation consiste à ne voir qu'une des faces d'un groupe logique naturel en négligeant les autres par voie d'exclusion forcée.

Mais ce verbe, ce mot par excellence (*verbum,* got. *vaurda-*), qu'est-il en soi, d'où naît-il et comment naît-il ?

Le verbe, ou monosyllabe verbal primitif, est le signe d'une action, et, au moment où il est créé, ce signe est un produit spontané du *moi* sentant, concevant et affirmant cette action.

Qu'est-ce qu'une action ? L'action est un événement sensitivo-logique dans lequel un certain nombre d'images ou de sensations renaissantes se combinent avec des aperçus rationnels qui les ramènent à l'unité de conception.

On voit déjà que le groupe total, essentiellement syngénétique, de sensations et d'idées[1] pourrait bien ne pas présenter toujours la même complexité d'images ni, dans cette complexité, la même image dominante, futur substitut de toutes les autres, ses

[1] Ici, par *idée,* j'entends les rapports nécessaires perçus par l'intelligence en tant qu'elle a le vrai pour objet.

compagnes naturelles au moment de la création du vocable.

C'est, en effet, ce qui arrive. Ainsi, lorsque nous percevons un bruit ou un son quelconque, un *gra*ttement, un *miau*lement, un *bê*lement, un *mu*gissement, etc., etc., là sensation dominante sera toujours celle du bruit caractéristique ou du cri spécial qui attire principalement notre attention et que nous rapportons immédiatement à sa cause extérieure. La forme et la couleur de l'ongle ou du grattoir qui RAtisse, la forme et la couleur du chat qui fait entendre son MIAOU, la figure et la laine du mouton qui jette son BÊ, ne seront que sensations secondaires à côté du *ra* ou *gra,* du *miaou,* du *bê,* etc., qui frappent notre oreille.

Or, tout le monde le sait, remettre en sensation l'idée d'une action bruyante ou sonore à l'aide d'une syllabe imitative du bruit ou du son qui entre comme élément sensible principal dans cette action, telle est la loi de création d'à peu près un sixième (une cinquantaine environ) des verbes simples ou primitifs de l'aryaque. Ainsi naquirent GU (prononcez *you*), mugir, VA (*oua*), souffler, RU (*rou*), déchirer, etc.

Mais toutes les actions ne sont pas bruyantes ou sonores; toutes ne frappent pas le sens de l'ouïe par des caractères spécifiques ou individuels dont la contrefaçon s'impose en quelque sorte, même aujourd'hui, à notre besoin naturel de constater que nous percevons et que nous savons que nous percevons. Il est une foule d'actions silencieuses, et, si l'onomatopée[1] phonomime rend parfaitement compte de l'incarnation des premières, elle ne saurait, comme l'a prétendu Guillaume de Humboldt[2], expliquer la création du corps syllabique d'aucune de celles-ci, de beaucoup les plus nombreuses (les cinq sixièmes environ).

Quelle est donc la loi de création de l'immense majorité des verbes simples primitifs?

Pour la trouver, cette loi, j'ai interrogé ces verbes eux-mêmes et je les ai progressivement réduits à ce qu'ils portaient en soi de nécessairement primordial. J'ai d'abord ramené toutes les significations figurées au sens propre, à la signification directe et naturellement antécédente. Les valeurs métaphoriques une fois mises hors de compte, je me trouvai en présence de monosyllabes verbaux qui, tous, peignaient une forme du mouvement. Tous se distribuaient d'eux-mêmes en deux grandes classes, selon qu'ils repré-

[1] Par soi, ce mot grec francisé ne signifie que facture ou création du nom; l'usage lui a donné le sens de « mot né d'une ou de plusieurs syllabes imitatives d'une action bruyante ».

[2] *Sur la langue Kavi*, Introduction.

sentaient des actions à base de mouvement compressif ou des actions à base de mouvement expansif. D'un côté, mouvement de convergence produisant la pression, la flexion, la condensation. De l'autre, mouvement divergent amenant la tension, l'extension, la diffusion. C'était à coup sûr un premier *a posteriori* digne de quelque attention; mais il offrait un danger. D'après ce fait positif d'idéologie verbale, j'aurais pu songer à l'existence d'une loi particulière de formation pour chacun de mes deux grands groupes : COMPRIMER et ÉTENDRE.

Mais voici comment un autre fait, non moins positif que le premier, m'empêcha de tomber dans cette erreur. Il arriva, en effet, qu'un seul et même monosyllabe verbal, — comme STR, GA, GHR, PA, — servit à représenter, ici une action à base de mouvement compressif ou convergent, là une action à base de mouvement expansif ou divergent. Je voyais, d'une part, un STR, condenser, resserrer, et, d'autre part, un STR, étendre, répandre ; d'un côté, c'était un GA, fléchir, plier, et, de l'autre, je trouvais un GA, étendre, propager, etc., etc. Il est bien vrai que, la plupart du temps, les premières combinaisons syllabiques, dans la dérivation extérieure, firent disparaître toute chance de confusion. Mais il s'agit ici de la strate du monosyllabisme, pour laquelle toute dérivation était et ne pouvait être que latente ou implicite.

Je fus donc amené tout naturellement à rechercher ce que mes deux classes contrastées d'actions silencieuses pouvaient avoir de commun en idéologie lexiologique. Quelle était la sensation dominante dans les deux groupes sensitivo-logiques *Presser-Fléchir-Serrer* et *Tendre-Étendre-Répandre?* Telle était bien la question, car cette sensation maîtresse, par cela seul qu'elle dominait toutes les autres, devait provoquer une contrefaçon orale qui, la faisant renaître, ressusciterait en même temps ses compagnes, les sensations visuelles adjointes et le lien logique qui les ramène à l'unité de conception.

Cette sensation maîtresse, cette perception dominante qui s'imposait aux pouvoirs expressifs de l'homme enfant, — et que celui-ci contrefaisait spontanément, — c'est la sensation d'effort, c'est la conscience d'une dépense efficace de force, dépense variable sans doute en durée et en intensité, mais provoquant toujours ces inductions spontanées et primesautières :

« Cette force dépensée était en moi, je sens et je sais qu'elle sort de moi » ; voilà le sujet, conçu comme cause.

« Par cette dépense de force, par cet effort et le

mouvement déterminé qu'il produit, je modifie d'une certaine façon l'état de l'objet avec lequel je me mets en rapport au moyen de cette application même de la force qui est en moi » ; voilà l'objet et la relation, et ici, par « relation », il faut entendre le rapport, j'allais dire le pont entre l'objet passif et le *moi* actif ou sujet. Le résultat de l'action (effet), la modification subie par l'objet, est nécessairement observé en même temps que l'objet lui-même. Et c'est ce qui explique la dérivation intérieure par laquelle les pères de la parole aryaque demandèrent aux verbes primitifs les noms monosyllabiques actifs et passifs dont nous avons parlé plus haut.

Au point de vue de l'art d'expression, il s'agissait de rechercher si le langage pouvait peindre avec leurs divers degrés d'intensité et de durée les efforts musculaires caractéristiques de ces actions silencieuses. Je m'attachai dès lors à étudier la vraie nature esthétique du geste oral appelé *consonne*. Voici ce que je trouvai.

Les produits du mécanisme de la parole n'offrent à l'observateur le plus attentif que deux ordres de sensations :

1° Des sensations auditives;

2° Des sensations musculaires.

Grâce aux sifflements, aux bourdonnements, aux

explosions, aux secousses et aux murmures qui en accompagnent la formation, les gestes oraux appelés consonnes, produits de la sensibilité musculaire du parleur, s'adressent, par l'intermédiaire de l'oreille, à la sensibilité musculaire de l'auditeur. Ainsi, l'effort, cette dépense de force, senti dans la fonction d'expression propre à la vibrante R, est moins énergique et moins prolongé que l'effort perçu dans l'émission des gestes monosyllabiques SKR, STR, SPR, disant ici *étreindre* (*ESTReindre, STRingere*), là *étendre* (comme dans *STERnere, STRatum, SPARgere*, etc.).

Les divers timbres vocaliques, qui naturellement jouent un si grand rôle dans la peinture orale des cris, des rugissements, des mugissements, des miaulements, des piailleries, etc., etc., n'ont plus la même importance dans la constatation et le rappel des actions silencieuses. Ici, en effet, les ondes aériennes chargées de ces timbres ne sont plus que de simples accompagnements, des moyens de transmission, quelque chose comme des véhicules des pouvoirs significatifs de la consonne. Ces valeurs de signification, la consonne, encore une fois, les emprunte à son origine physiologique dans les profondeurs de la sensibilité des muscles. Elle dit et remet en sensation l'effort musculaire, parce qu'ELLE EST ELLE-MÊME EFFORT MUSCULAIRE.

Or, ne l'oublions pas, le *moi* faisant effort se sent et se conçoit comme étant la cause de l'action. A l'événement *sentir*, il joint l'événement *savoir*. Par elle-même et par l'induction rationnelle qu'elle provoque spontanément, cette dépense consciente de force est donc bien la sensation dominante du groupe sensitivo-logique entier, quelle que soit d'ailleurs la haute utilité des sensations visuelles concomitantes pour déterminer les caractères spécifiques de l'action.

Nous avons donc ici l'article 2 de la loi qui régit cette mimique vivante de la parole dans la création des monosyllabes verbaux primitifs. Si les actions bruyantes, en retentissant dans le *moi*, en ont fait jaillir ces échos nommés onomatopées et que nous appellerons *phonomimes*, les actions silencieuses profondément senties et conçues dans leur cause, c'est-à-dire dans le *moi* usant de sa force pour effectuer un mouvement, ont engendré les *dynamomimes* ou contrefaçons de sensations musculaires d'effort, devenant ainsi, en leur qualité de sensation dominante, les substituts abréviatifs du groupe sensitivo-logique qui les contient.

Mais qu'advint-il de cette fonction originelle du sens musculaire, de cette sensation d'effort si puissante, au moment même de l'événement silencieux d'où sortait la création d'un monosyllabe verbal nouveau? Dans l'immense majorité des cas, l'image éminente d'un effort efficace, si expresse et si nette au début, va s'affaiblissant et s'effaçant toujours de plus en plus jusqu'à disparaître entièrement. C'est que les images visuelles ses compagnes, tout naturellement esquissées au début par des gestes visibles complémentaires, jettent trop de lumière sur la direction du mouvement, effet de cet effort, pour ne pas attirer fortement l'attention, surtout aux époques de pure tradition, du dynamomime créé depuis longtemps et reçu par tous comme monnaie courante.

Sans doute il est, parmi les produits de cette mimique orale de l'effort causatif du mouvement, un certain nombre de gestes monosyllabiques dans lesquels le degré d'intensité et la durée de l'effort exprimé sont perceptibles encore après tant de siècles. Tels sont : SKA, SKI, SKU, SKR, SPA, SPR, STA, STI, STU, STR, KRA, KRU, BHR, DHR, etc. Mais, si ces gestes expressifs, rapprochés de leur signification traditionnelle, suffisent à établir la loi de leur création, il n'en est pas moins vrai que, même en ces rudes produits de la dynamomimique, les images visuelles, en déterminant la nature expansive ou compressive du mouvement rappelé, devinrent petit à petit, sinon toujours prééminentes, au moins toujours très-considérables et très-considérées.

Aucun genre d'émoussement progressif n'atteignit jamais les inductions rationnelles composant la triade logique qu'on retrouve au fond de chaque verbe :

1° Sujet ;

2° Mode déterminé d'action ;

3° Objet.

Toute particulière au début et propre à une expérience faite en commun par des individus de même race et de même organisation nerveuse, l'idée verbale se généralise presque aussitôt pour s'appliquer à de nombreuses expériences semblables à la première, à celle d'où sortit un geste verbal *co-senti* et consenti.

Cela demande une explication ; la voici.

Transportons-nous par la pensée aux temps préhistoriques où les ancêtres des Aryas, réunis en groupes plus ou moins nombreux, et cédant au besoin de constater et de vérifier solidairement leurs observations, créaient ou appliquaient spontanément chaque jour quelques monosyllabes nouveaux. Pour le moment, laissons de côté les pronoms-adverbes, et, parmi les verbes-noms, considérons seulement les dynamomimes, la question des phonomimes étant résolue depuis longtemps.

Hier, en plein jour, vous et moi, Aryas primitifs pour de vrai, nous faisions partie d'un groupe de promeneurs de la même variété de l'espèce humaine que nous, et aussi neufs que nous dans l'œuvre collective de l'évolution de la pensée aryane. Tout à coup, vous vous arrêtez et, nous faisant signe de vous imiter, vous nous criez : STA! Ce STA, je m'en souviens, vous l'aviez articulé la veille, et tous nous l'avions répété après vous, au moment où, sur votre invitation, par des efforts énergiques et prolongés, nous pressions comme vous, de nos mains, la surface résistante et fixe d'une énorme pierre détachée peut-être d'un rocher voisin. A l'événement de pression prolongée contre ce bloc immobile, nous avions, avant-hier, par un accord tout spontané, attaché le signe STA, et, hier, la pression prolongée du sol par nos pieds, la STAtion, nous parut à tous fort bien désignée par ce même geste oral, sorti des profondeurs de notre sensibilité musculaire.

De ces deux événements il ne restera bientôt, dans l'esprit de ceux qui en furent les acteurs ou les témoins, qu'une association perpétuelle, — pour cause de syngenèse, — entre le geste auditivo-musculaire STA et le simulacre d'une action qu'on peut esquisser ainsi : appuyer fortement des organes mobiles contre un obstacle immobile, le sujet appuyant ayant à la fois conscience de son effort (dépense de force) et de la résistance de l'objet (appui). Si étroite est cette liaison, que dorénavant ce STA, prononcé ou seulement pensé, ressuscitera ce simulacre d'action, comme ce simulacre d'action, évoqué le premier par le souvenir ou par un nouvel événement conforme, rappellera sur-le-champ son associé, le verbe-nom STA.

Autres réminiscences. Nous sommes toujours chez les ancêtres des Aryas.

Peu de jours après l'excursion que je viens de raconter, plusieurs des nôtres, quittant l'abri de la caverne, se mirent à marcher sur la terre détrempée par les pluies, non sans remarquer bientôt les traces qu'y laissaient leurs pieds. Et voici que l'un d'eux se mit à dire, à chaque trace qu'il imprimait sur le sol : STI, STI, STI.... Ce STI trouva de l'écho, car alors, et toujours dès lors, nous trouvant en de semblables circonstances, nous répétâmes ce même STI pour indiquer *pression* accompagnée d'*empreinte,* voire même de *piqûre,* de STIgmate ou d'*enfoncement;* et, comme cela peignait fort bien les veSTIges de nos pas, nous nous en servîmes pour dire *marcher* par *marquer,* laisser des *marques* du foulement du sol par nos allées et venues[1].

Une autre fois, j'étais avec plusieurs hommes de notre clan dans la forêt, où, à l'aide d'un silex éclaté,

[1] On verra plus loin les formes secondaires ou dérivées de STI, telles que STIG, STIGH, etc., presser sur, en laissant trace, marquer et marcher, piquer, etc.

je venais de me tailler un bâton de bois vert. En m'appuyant sur mon soutien mobile, je remarquai plusieurs fois de suite que j'en rapprochais les deux bouts. Cette compression avec rapprochement des extrémités de l'objet qui la subissait, cette expérience de flexion, sentie et comprise dans mon effort causatif, me fit proférer, à ce moment et à plusieurs reprises, un SKR ou SKAR que, mes compagnons et moi, nous répétâmes dès lors pour rappeler toute action analogue à celle-là, tout *fléchir* et toute *courbe*.

Nous aimions à retrouver chez des groupes d'hommes de notre race, mais appartenant à d'autres clans, des créations verbales identiques aux nôtres. Souvent, en effet, des expériences semblables se trouvaient incarnées çà et là dans un seul et même corps monosyllabique.

Mais il n'en était pas toujours ainsi, même dans le cas d'expériences le plus étroitement analogues. Parfois, tel verbe-nom, créé et universellement accepté dans un autre milieu que le nôtre, venait chez nous faire concurrence à une de nos créations verbales, rigoureusement synonyme de l'intruse, bien que la nôtre revêtît, comme monosyllabe, d'autres formes de mimique auditivo-musculaire. Ainsi, de notre côté, nous avions produit et, par un usage quotidien, solidement établi dans notre mémoire le verbe-nom MA[1], étendre, allonger, propager, etc., quand nous acceptâmes de nos voisins un verbe TA[2], qui, chez eux, remplissait les mêmes offices. Abondance de biens ne nuit pas; car nos voisins adoptèrent notre création spontanée MA, comme nous avions emprunté leur TA, étendre, allonger, propager, etc.

Que le lecteur veuille bien me pardonner cette mise en scène et ces évocations d'acteurs préhistoriques, pour qui rien n'était ni difficile ni facile, puisque chez eux tout était spontané. En prêtant ainsi aux ancêtres des Aryas le langage analytique de la science contemporaine, j'ai voulu seulement indiquer d'une façon tout indirecte l'admirable sûreté de leurs instincts intellectuels et artistiques.

Au lecteur encore de voir si j'en ai dit assez pour justifier la définition suivante, simple corollaire du présent chapitre :

Le verbe simple primitif est l'union intime, indissoluble, d'un événement sensitivo-rationnel nommé *action* et d'un geste oral monosyllabique reproduisant, par contrefaçon spontanée d'impression, la sensation dominante, auditive ou musculaire, de ce

[1] MA, sk. *mâ*; avec les formes dérivées MAGH, sk. *mah*; MAN, sk. *man*: MAD, sk. *mad*; etc.

[2] D'où, plus tard TAN, TAP, TAK.

même événement complexe, qu'il ressuscite, et dans lequel, entré par voie de syngenèse, il restera désormais inclus en qualité de signe abréviatif perpétuel.

FIN DU CHAPITRE II.

TABLE.

Paris. — Typ. Georges Chamerot, 19, rue des Saints-Peres. — 6539

www.ingramcontent.com/pod-product-compliance
Ingram Content Group UK Ltd.
Pitfield, Milton Keynes, MK11 3LW, UK
UKHW020330250726
13967UKWH00004B/1948